Special Thanks to

세상이 아무리 바쁘게 돌아가더라도
책까지 아무렇게나 빨리 만들 수는 없습니다.

길벗은 독자 여러분이
가장 쉽게, 가장 빨리 배울 수 있는 책을
한 권 한 권 정성을 다해 만들겠습니다.

독자의 1초를 아껴주는 정성을 만나보세요.

미리 책을 읽고 따라해 본 2만 베타테스터 여러분과
무따기 체험단, 길벗스쿨 엄마 2% 기획단,
시나공 평가단, 토익 배틀, 대학생 기자단까지!
믿을 수 있는 책을 함께 만들어주신 독자 여러분께 감사드립니다.

왕초보를 위한

엑셀

무작정 따라하기

박미정 지음

길벗

왕초보를 위한
첫 엑셀 무작정 따라하기
The Cakewalk Series-Excel For Starters

초판 발행 · 2022년 9월 5일
초판 3쇄 발행 · 2024년 8월 8일

지은이 · 박미정
발행인 · 이종원
발행처 · (주)도서출판 길벗
출판사 등록일 · 1990년 12월 24일
주소 · 서울시 마포구 월드컵로 10길 56(서교동)
대표 전화 · 02)332-0931 | **팩스** · 02)322-0586
홈페이지 · www.gilbut.co.kr | **이메일** · gilbut@gilbut.co.kr

기획 및 책임 편집 · 박슬기(sul3560@gilbut.co.kr)
표지 디자인 · 박상희 | **본문 디자인** · 이도경 | **제작** · 이준호, 손일순, 이진혁
영업마케팅 · 전선하, 차명환, 박민영 | **유통혁신** · 한준희 | **영업관리** · 김명자 | **독자지원** · 윤정아

전산편집 · 예다움 | **CTP 출력 및 인쇄** · 교보피앤비 | **제본** · 경문제책

ISBN 979-11-407-0117-9 03000
(길벗 도서번호 007145)

정가 15,000원

독자의 1초를 아껴주는 정성 길벗출판사
㈜도서출판 길벗 • IT교육서, IT단행본, 경제경영서, 어학&실용서, 인문교양서, 자녀교육서
▶ www.gilbut.co.kr

길벗스쿨 • 국어학습, 수학학습, 어린이교양, 주니어 어학학습, 학습단행본
▶ www.gilbutschool.co.kr

페이스북 | www.facebook.com/gilbutzigy
네이버 포스트 | post.naver.com/gilbutzigy

작가의 말

왕초보를 위한 엑셀, 이 책만 믿고 따라오세요!

몇 해 전, 오랜 기간 주부로만 지내오다 다시 한번 취업의 문을 두드려 입사에 성공한 친구의 고민을 들은 적이 있었습니다. 그 친구의 가장 큰 고민은 급여나 출퇴근 시간이 아닌 바로 엑셀이었습니다. 지금껏 문서작성과 메일, 인터넷 검색 정도만 알아도 됐지만, 취업한 이상 엑셀 없이는 업무를 할 수 없었기 때문이죠.

필자의 친구처럼 재취업한 분이나 이제 막 사회에 나온 초년생에게 현업에서 가장 시급한 능력이 무엇이냐고 물으면 대부분 '엑셀'이라고 답을 합니다. 다른 사람들이 정리한 데이터나 자료를 봤을 때는 별거 아닌 듯 보이지만, 막상 내 업무가 되면 풀기 힘든 숙제가 되어버리는 것처럼 엑셀은 누구나 할 수 있지만, 제대로 하기는 힘들기 때문이죠.

물론 엑셀 외에도 구글 스프레드시트, 한셀 등 계산과 분석을 위한 다양한 프로그램이 있습니다. 그럼에도 엑셀은 이 모두를 뛰어넘을 수 있는 본연의 장점이 분명히 있습니다. 특히 엑셀은 현장의 요구를 반영하여 버전이 바뀔 때마다 추가 함수를 제공하거나 통계 및 분석에 맞는 시각화 도구를 계속 업그레이드하여 사용자에게 더 나은 작업 환경을 제공하고 있습니다.

이 책은 독자분들이 엑셀이라는 벽에 부딪힐 때마다 '막힌 부분을 시원하게 뚫어 줄 수 있으면 얼마나 좋을까?' 하는 필자의 사명과 의무감으로 집필했습니다. 초보자도 쉽게 이해할 수 있도록 엑셀 창을 열자마자 만나게 되는 환경설정부터 데이터 입력, 인쇄, 계산, 서식 설정까지 친절하게 설명하고, 온라인 영상 강의도 준비했습니다.

따라서 독자분의 첫 엑셀 책으로 선택된다면 엑셀의 좋은 길잡이가 되어줄 뿐만 아니라 업무 도우미 역할까지 톡톡히 해낼 것입니다. 기초부터 중급을 아우르는 '첫 엑셀 무작정 따라하기'가 독자분의 현업에 항상 함께하는 든든한 책이 되길 기원합니다.

마지막으로, 이 책이 만들어지기까지 도움을 준 길벗출판사 관계자를 포함한 모든 분께 감사드립니다.

2022.09

저자 **박미정** 드림

이 책의 구성

STEP **01** | 일단, '무작정' 따라해 보세요!

실제 업무에서 사용하는 핵심 기능만 쏙 뽑아 실무 예제로 찾기 쉬운 구성으로 중요도별로 배치하였기 때문에 **'무작정 따라하기'**만 해도 엑셀 사용 능력이 크게 향상됩니다. **'Tip'**과 **'잠깐만요'**는 예제를 따라하는 동안 주의해야 할 점과 추가 정보를 친절하게 알려주고 **'핵심! 실무노트'**로 활용 능력을 업그레이드해 보세요.

반드시 알고 넘어가야 할 주요 내용 소개!

- 학습안 제시
- 결과 미리 보기
- 섹션별 주요 기능 소개

실무 업그레이드!

- 우선순위

필수 기능만 쏙 뽑아 실무에 딱 맞게!

- 핵심 기능/실무 예제
- 무작정 따라하기
- Tip/잠깐만요

검색보다 빠르다!

- 탭

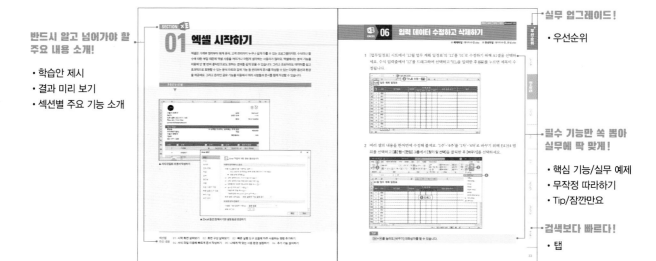

완벽한 이해를 돕기 위한 동영상 강의 제공!

- 저자 직강 영상

프로 비즈니스맨을 위한 활용 TIP!

- 핵심! 실무노트

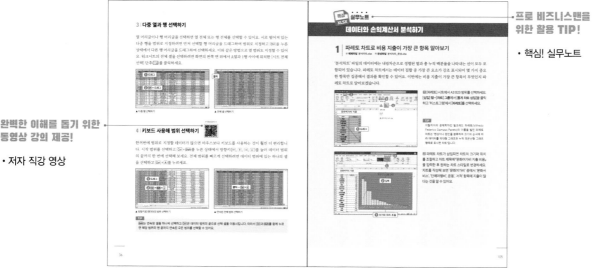

'검색보다 빠르고 동료보다 친절한'
왕초보를 위한 첫 엑셀 무작정 따라하기 이렇게 활용하세요!

STEP 02 '우선순위'와 '실무 중요도'를 적극 활용하세요!

엑셀 사용자들이 네이버 지식in, 오피스 실무 카페 및 블로그, 웹 문서, 뉴스 등에서 **가장 많이 검색하고 찾아본 키워드를 토대로 우선순위** 20개를 선정했어요. 이 정도만 알고 있어도 엑셀은 문제없이 다룰 수 있고 언제, 어디서든지 원하는 기능을 **금방 찾아 바로 적용**해 볼 수 있어요!

순위 ▲	키워드	관련 내용은 여기서 학습하세요!	관련 페이지
1 ▲	셀 참조 유형	수식 계산에서 참조되는 유형의 이해	127
2 ▲	셀 복사/이동	선택한 셀 범위를 복사하거나 다른 위치로 이동하는 기능	39
3 ▲	자동 합계	인접한 데이터에 대한 합계 및 평균 등을 자동으로 계산하는 기능	134
4 ▲	SUMIF 함수	조건에 맞는 값의 합계를 구하는 함수	162
5 ▲	인쇄 설정	인쇄 전 용지, 여백, 매수, 머리글/바닥글 지정 등	53~62
6 ▲	찾기/바꾸기	입력된 데이터를 찾거나 다른 데이터로 변경하는 기능	33
7 ▲	데이터 입력	워크시트 셀에 입력될 데이터의 종류와 입력 방법	26~28
8 ▲	VLOOKUP 함수	기준 값으로 다른 열의 값을 구하는 함수	159
9 ▲	IF 함수	조건에 따라 달라지는 값을 계산하는 함수	150
10 ▲	행/열 편집	행이나 열을 삽입하거나 삭제, 열 너비 등을 다루는 기능	45
11 ▲	셀 서식	셀에 입력된 데이터에 대한 꾸밈 기능	69~76, 85
12 ▲	피벗 테이블	다량의 데이터를 빠르게 요약해 주는 분석 기능	215~222
13 ▲	데이터 정렬	기준 필드에 따른 데이터의 순서를 바꾸는 기능	187~190
14 ▲	자동 필터	데이터를 추출하는 가장 쉬운 방법	199
15 ▲	날짜 표시 형식	숫자 데이터를 날짜 형식에 맞게 표현하는 서식	79
16 ▲	차트 삽입	추천 차트로 차트 삽입	104
17 ▲	차트 변경	차트 종류 변경하고 데이터 편집	106
18 ▲	사용자 지정 표시 형식	숫자 데이터를 사용자가 코드를 사용해 표시하는 기능	83
19 ▲	시트 편집	시트의 이동, 복사, 이름 바꾸기, 탭 색을 변경하는 기능	47
20 ▲	조건부 서식	조건에 맞는 셀이나 범위에 적용하는 서식	89~99

현업 중요도↑

강력한 분석 도구

분석 보고서 필수

현업 활용도↑

목차

| 우선 순위 | ▶ 중요한 실무 예제 20개를 선별하여 표시 |
| 동영상 강의 제공 | ▶ ★ 표시가 된 예제는 QR 영상 강의 제공 |

CHAPTER 02 시각적으로 데이터 표현하기

서식지정

SECTION 01 셀 서식 지정해 문서 꾸미기

SECTION 02 조건부 서식 지정해 데이터 강조하기

차트

SECTION 03 차트와 스파크라인으로 데이터 표현하기

QR코드로 동영상 강의를 시청해 보세요!

책에 실린 QR코드를 통해 저자의 동영상 강의를 바로 시청할 수 있습니다.
유튜브에서 『오피스랩』을 검색해도 강의를 무료로 볼 수 있어요.

❶ 책 속 QR코드를 찾으세요.

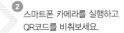

❷ 스마트폰 카메라를 실행하고
QR코드를 비춰보세요.

❸ 동영상 강의 링크가 나타나면
화면을 터치해 강의를 시청하세요.

목차

 예제파일 및 완성파일 다운로드

길벗출판사(www.gilbut.co.kr)에 접속하고 검색 창에 도서 제목을 입력한 후 [검색]을 클릭하면 학습자료를 다운로드할
수 있어요. 회원으로 가입하지 않아도 자료를 받을 수 있어요. 다운로드 받은 파일은 실무에 바로 쓸 수 있는 템플릿으
로 필요할 때마다 업무에 적용할 수 있습니다.

CHAPTER 01

엑셀 기본 문서 작성하기

엑셀을 실행하면 리본 메뉴와 수백 개의 빈 셀만 표시된 워크시트가 보입니다. 아무런 서식도 지정하지 않은 새 통합 문서에서 무엇부터 시작해야 할지 고민된다면 엑셀에서 제공하는 다양한 서식 파일을 활용해 보세요. 일정 관리뿐만 아니라 수익 분석, 판매 보고 등 목적에 맞는 서식을 선택하여 빠르게 문서 작성을 시작할 수 있어요. 만약 원하는 서식을 찾지 못했으면 온라인 서식 파일 검색에서 키워드를 입력하여 자신에게 꼭 맞는 다양한 서식을 찾아보세요. 이번 장에서는 엑셀 문서를 작성할 때 꼭 알고 있어야 할 데이터 입력 방법과 셀 및 워크시트의 편집 방법, 그리고 인쇄 설정 방법에 대해 배워봅니다.

EXCEL

01 엑셀 시작하기

엑셀은 가계부 정리부터 회계 분석, 고객 관리까지 누구나 쉽게 다룰 수 있는 프로그램이지만, 수식이나 함수에 대한 부담 때문에 엑셀 사용을 꺼리거나 어렵게 생각하는 사용자가 많아요. 엑셀에서는 분석 기능을 이용해 단 몇 번의 클릭만으로도 원하는 결과를 쉽게 얻을 수 있습니다. 그리고 초보자라도 데이터를 쉽고 효과적으로 표현할 수 있는 분석 차트와 검색 기능 등 편리하게 문서를 작성할 수 있는 다양한 옵션과 환경을 제공해요. 그리고 온라인 공유 기능을 이용해서 여러 사람들과 문서를 함께 작성할 수 있습니다.

PREVIEW

▲ 서식 파일로 새 문서 작성하기

▲ [Excel 옵션] 창에서 기본 설정 환경 변경하기

EXCEL 01 시작 화면 살펴보기

엑셀 프로그램의 시작 화면입니다. 빈 통합 문서로 시작하려면 [새 통합 문서] 서식을 클릭하고, 이미 제공된 서식을 사용하려면 '새로 만들기' 범주에서 원하는 서식을 선택하여 문서를 빠르게 시작할 수 있어요. 기존에 작성된 문서는 '최근 항목'이나 [열기]를 선택하여 찾을 수 있습니다.

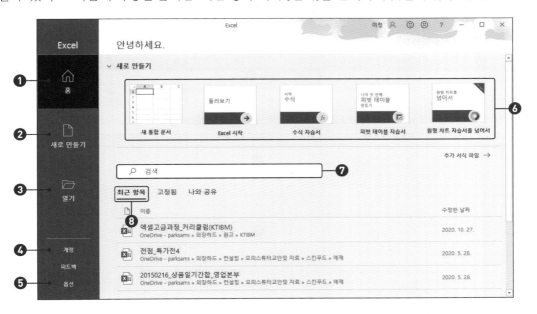

❶ **홈**: 엑셀의 시작 화면입니다. [홈]에서는 [새 통합 문서]와 '최근 항목'의 문서를 선택하여 빠르게 시작할 수 있어요.

❷ **새로 만들기**: 제공된 서식 파일을 이용하여 새 통합 문서를 시작할 수 있어요.

❸ **열기**: 최근에 사용한 통합 문서뿐만 아니라 다른 경로(내 컴퓨터, OneDrive 등)에 저장한 엑셀 문서를 열 수 있어요.

❹ **계정**: 사용하는 장치(PC, 태블릿 등)와 클라우드 서비스에서 마이크로소프트 계정을 설정해 사용할 수 있어요.

❺ **옵션**: 엑셀의 환경 설정을 변경할 수 있어요.

❻ **[새 통합 문서]와 서식 파일**: 홈 화면에서 선택할 수 있는 기본 서식으로, 새 문서를 시작하거나 서식 파일로 새로운 통합 문서를 시작할 수 있어요.

❼ **검색 상자**: 원하는 파일을 검색할 수 있어요.

❽ **최근 항목**: 홈의 기본 화면입니다. 최근에 작업한 파일 목록으로, 여기서 원하는 통합 문서를 선택하여 빠르게 실행할 수 있어요.

EXCEL 02 화면 구성 살펴보기

엑셀은 2013 버전 이후로는 구성이 크게 달라지지는 않았지만, 버전별로 기능이 업그레이드되고 명령 단추가 추가되어 헷갈릴 수 있어요. 특히 오피스 365의 경우 매달 업데이트되는 기능에 따라 화면이나 리본 메뉴가 달라질 수 있으므로 문서의 작업 속도를 향상시키고 일의 능률을 높이고 싶으면 여기서 알려주는 20가지의 화면 구성 요소를 잘 익혀두세요.

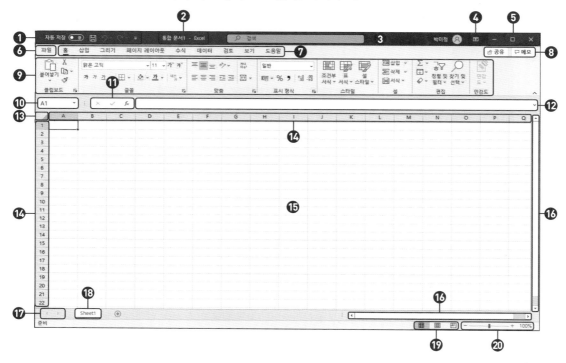

❶ **빠른 실행 도구 모음**: 자주 사용하는 도구를 모아놓은 곳으로, 사용자의 필요에 따라 도구를 추가 및 삭제할 수 있어요.

❷ **제목 표시줄**: 통합 문서의 이름이 표시됩니다.

❸ **검색 상자**: 검색(Microsoft Search) 상자를 클릭하거나 Alt+Q를 누르고 검색을 입력하기 전에 최근에 사용한 명령 목록을 살펴본 후 수행할 작업에 따라 다른 작업의 실행을 제안할 수 있어요.

❹ **[리본 메뉴 표시 옵션] 단추(🔲)**: 리본 메뉴의 탭과 명령 단추들을 모두 표시하거나 숨길 수 있어요.

❺ **[최소화] 단추(➖), [최대화] 단추(🔲)/[이전 크기로 복원] 단추(🔳), [닫기] 단추(❌)**: 화면의 크기를 조정하는 단추로, 화면을 확대하거나 작업 표시줄에 아이콘으로 최소화할 수 있어요. 사용자가 창의 크기를 조정하면 최대화된 창의 크기를 이전 크기로 복원시키고 [닫기] 단추(❌)를 클릭하면 프로그램이 종료됩니다.

❻ **[파일] 탭**: 파일을 열고 닫거나 저장 및 인쇄할 수 있으며 공유, 계정, 내보내기 등의 문서 관리가 가능해요. 또한 다양한 엑셀 옵션도 지정할 수 있어요.

❼ **탭**: 클릭하면 기능에 맞는 도구 모음이 나타나요. 기본적으로 제공되는 탭 외에 그림, 도형, 차트 등을 선택하면 [그림 서식]이나 [표 디자인]과 같은 상황별 탭이 추가로 나타납니다.

❽ **[공유] 및 [메모]**: 해당 문서를 작업하고 있는 사용자를 확인하고 공유 옵션을 지정하는 창을 열 수 있어요. 메모는 이 문서에 대한 메모를 보거나 응답할 수 있습니다.

❾ **리본 메뉴**: 선택한 탭과 관련된 명령 단추들이 비슷한 기능별로 묶인 몇 개의 그룹으로 구성되어 있어요.

❿ **이름 상자**: 셀 또는 범위에 작성한 이름이 표시됩니다. 반대로 원하는 셀 주소를 입력하면 해당 셀로 이동해요.

⓫ **[취소] 단추(☒), [입력] 단추(☑), [함수 삽입] 단추(ƒx)**: 데이터를 입력하거나 취소할 수 있고 [함수 삽입] 단추 (ƒx)를 클릭하면 함수 마법사를 실행할 수 있어요.

⓬ **수식 표시줄**: 셀에 입력한 데이터나 계산한 수식이 표시됩니다.

⓭ **[시트 전체 선택] 단추(◢)**: 워크시트의 전체 범위를 한 번에 빠르게 선택할 수 있어요.

⓮ **행 머리글, 열 머리글**: 행 머리글은 워크시트에서 각 행의 맨 왼쪽에 표시되고, 클릭하면 행 전체가 선택됩니다. 열 머리글은 워크시트에서 각 열의 맨 위에 표시되고, 클릭하면 열 전체가 선택됩니다.

⓯ **워크시트**: 행과 열로 구성된 셀로 이루어져 있어요. 데이터를 작업하는 공간으로, 항상 통합 문서에 저장됩니다.

⓰ **스크롤바**: 마우스로 가로나 세로로 드래그하여 워크시트의 화면을 이동할 수 있어요.

⓱ **시트 이동 단추(◀, ▶)**: 시트 이름을 스크롤할 때 사용해요. [Ctrl]을 누른 상태에서 마우스 왼쪽 단추를 클릭하면 처음 시트와 마지막 시트로 스크롤하고, 마우스 오른쪽 단추를 클릭하면 [활성화] 대화상자가 열리면서 모든 시트 목록을 볼 수 있어요.

⓲ **시트 탭**: 기본적으로 워크시트의 이름이 [Sheet1], [Sheet2] 등으로 표시되지만, 사용자가 이름을 직접 지정할 수 있어요.

⓳ **화면 보기 단추**: 원하는 문서 보기 상태로 이동할 수 있는 단추입니다. [기본] 보기(▦), [페이지 레이아웃] 보기 (▣), [페이지 나누기 미리 보기](凹) 등으로 화면 보기 상태를 선택할 수 있어요.

⓴ **확대/축소 슬라이드바**: 슬라이드바를 드래그하여 화면 보기 비율을 10~400%까지 확대 또는 축소할 수 있어요. 또한 비율 부분(100%)을 클릭하여 [확대/축소] 대화상자를 열고 비율을 직접 지정할 수도 있어요.

03 빠른 실행 도구 모음에 자주 사용하는 명령 추가하기

● **예제파일**: 새 통합 문서에서 시작하세요.

1 엑셀에서 사주 사용하는 기능을 매번 찾아 실행하기는 매우 번거롭지만, 빠른 실행 도구 모음에 자주 사용하는 명령을 추가하면 한 번의 클릭만으로도 실행할 수 있어서 매우 편리합니다. 이번에는 빠른 실행 도구 모음에 [필터] 도구(▽)를 추가해 볼게요. **[데이터] 탭-[정렬 및 필터] 그룹**의 **[필터]**에서 마우스 오른쪽 단추를 클릭하고 [빠른 실행 도구 모음에 추가]를 선택하세요.

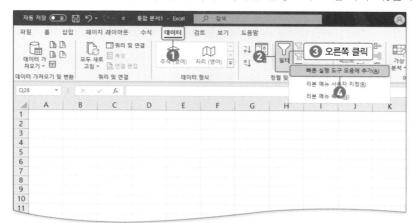

▶영상강의◀

2 빠른 실행 도구 모음에 [필터] 도구(▽)가 추가되었는지 확인합니다. 이제 [필터] 도구(▽)를 한 번만 클릭하여 데이터를 빠르게 필터링할 수 있어요.

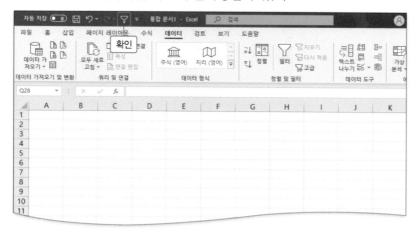

EXCEL 04 서식 파일 이용해 빠르게 문서 작성하기

● **예제파일**: 새 통합 문서에서 시작하세요. ● **완성파일**: 판매 송장_완성.xlsx

1 아무 것도 입력되어 있지 않은 빈 통합 문서가 아니라 엑셀에서 제공하는 서식 문서로 시작해 볼까요? 시작 화면이나 **[파일] 탭-[새로 만들기]**를 선택하고 검색 상자에 『판매』를 입력한 후 Enter 를 누르세요.

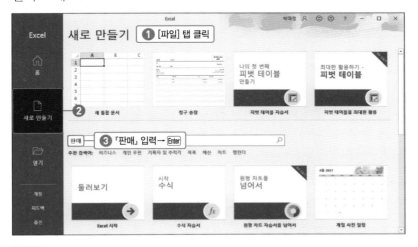

> **TIP**
>
> 아직 엑셀로 문서를 만드는 데 자신이 없으면 다양한 스타일의 문서를 골라 사용할 수 있는 서식 파일을 적극 활용해 보세요. 그러면 초보자도 쉽게 고품질 엑셀 문서를 작성할 수 있어요.

2 검색된 서식 파일 중에서 필요한 문서를 찾아 선택하세요. 여기서는 [판매 송장]을 선택했어요.

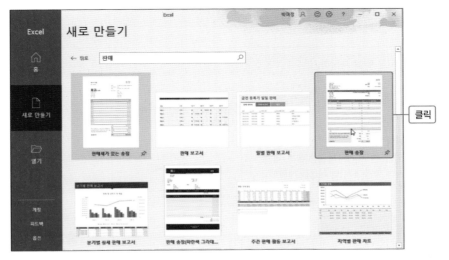

17

3 '판매 송장' 양식이 나타나면 [만들기]를 클릭하세요.

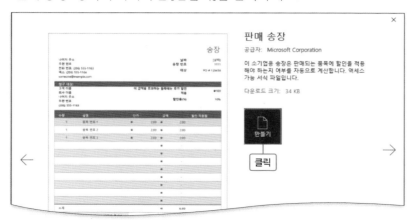

4 판매 송장 서식 파일이 실행되면 셀에 이미 입력된 값이나 수식을 원하는 내용으로 변경하여 문서를 완성하세요.

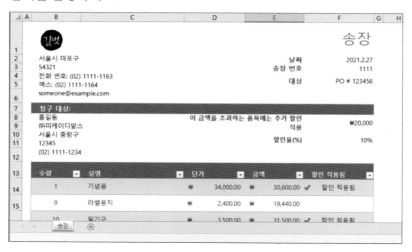

잠깐만요 > 항상 빈 통합 문서로 엑셀 시작하기

엑셀을 실행할 때마다 시작 화면을 표시하지 않고 곧바로 새로운 빈 통합 문서를 열 수 있어요.

❶ [파일] 탭-[옵션]을 선택하세요.
❷ [Excel 옵션] 창이 열리면 [일반] 범주의 '시작 옵션'에서 [이 응용 프로그램을 시작할 때 시작 화면 표시]의 체크를 해제하고 [확인]을 클릭하세요.

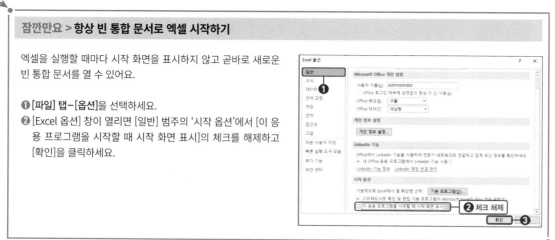

EXCEL 05 나에게 딱 맞는 사용 환경 설정하기

● **예제파일**: 새 통합 문서에서 시작하세요.

1 엑셀에서는 사용자의 작업 환경에 맞게 시트 수, 글꼴, 저장 형식 등을 지정할 수 있어요. **[파일] 탭-[옵션]**을 선택하세요.

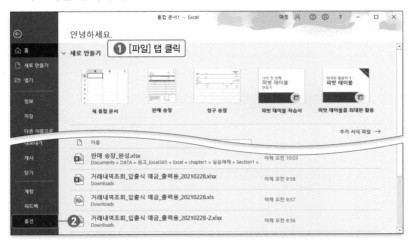

2 [Excel 옵션] 창이 열리면 [일반] 범주의 '새 통합 문서 만들기'에서 '글꼴 크기'는 [12]로, '포함할 시트 수'는 [3]으로 지정하세요. 'Microsoft Office 개인 설정'의 'Office 배경'에서 [기하 도형]을 선택하고 [확인]을 클릭하세요. 엑셀을 종료했다가 다시 시작해야 변경한 글꼴을 적용할 수 있다는 메시지 창이 열리면 [확인]을 클릭하세요.

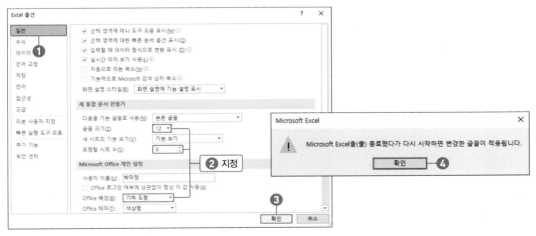

TIP

현재 통합 문서를 닫고 다시 엑셀을 실행하면 '기하 도형' 배경 화면의 이미지가 나타나면서 기본적인 글꼴 크기가 '12pt'이고 시트 탭이 세 개인 통합 문서가 열려요.

EXCEL 06 추가 기능 설치하기

● 예제파일: 새 통합 문서에서 시작하세요.

1 엑셀에서는 필요에 따라 적절하게 필요한 기능을 추가해서 사용해야 하는데, 여기서는 데이터 분석에 필요한 '데이터 분석'과 '파워 피벗'을 추가해 볼게요. 먼저 **[파일] 탭-[옵션]**을 선택하여 [Excel 옵션] 창을 열고 [추가 기능] 범주의 '관리'에서 [Excel 추가 기능]을 선택한 후 [이동]을 클릭하세요. [추가 기능] 대화상자가 열리면 [분석 도구]에 체크하고 [확인]을 클릭하세요.

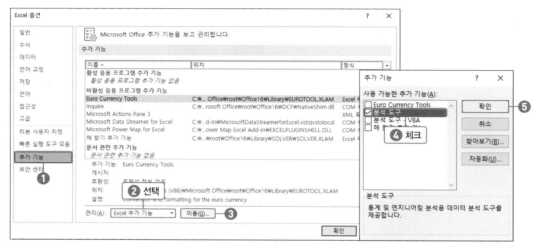

2 이번에는 '파워 피벗' 기능을 추가해 볼게요. [Excel 옵션] 창의 [추가 기능] 범주에서 '관리'의 [COM 추가 기능]을 선택하고 [이동]을 클릭하세요.

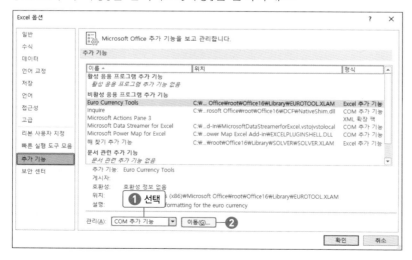

3 [COM 추가 기능] 대화상자가 열리면 '사용 가능한 추가 기능'에서 [Microsoft Power Pivot for Excel]에 체크하고 [확인]을 클릭하세요.

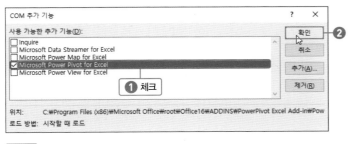

TIP

엑셀 버전 중 Home & Student에서는 PowerPivot 기능이 없을 수 있습니다.

4 [데이터] 탭-[분석] 그룹에서 [데이터 분석] 명령을 확인하세요.

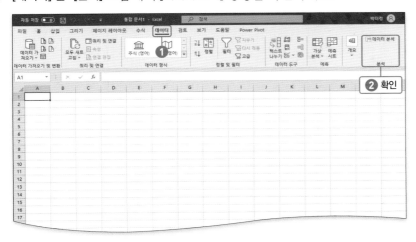

5 리본 메뉴에서 [Power Pivot] 탭을 확인하세요.

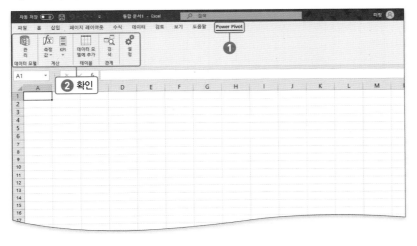

02 정확하게 엑셀 데이터 다루기

엑셀을 사용하여 데이터를 계산 및 분석하려면 엑셀에서 사용할 수 있는 데이터의 종류에 대해 정확하게 이해하고 있어야 해요. 데이터를 잘못 입력하면 서식이나 수식을 제대로 적용할 수 없어서 정확한 결과를 얻을 수 없기 때문이죠. 그러므로 엑셀 데이터를 정해진 규칙에 맞게 입력하고 편집할 줄 알아야 합니다. 이번 섹션에서는 엑셀의 기초 중의 기초이면서도 자칫 실수하기 쉬운 데이터의 입력과 편집 방법에 대해 자세하게 배워보겠습니다.

PREVIEW

▼

▲ 여러 종류의 데이터 입력하기

▲ 자동 채우기 핸들(➕)로 데이터 입력 및 수정, 삭제하기

EXCEL 01 엑셀 데이터의 종류 알아보기

1 | 데이터 구분하기

엑셀에서 사용하는 데이터는 크게 '텍스트'와 '숫자'로 나눌 수 있어요. 데이터의 종류에 따라 입력 방식이 조금씩 다르지만, 날짜와 시간 등의 데이터 속성을 미리 알고 있으면 데이터를 가공할 때 걸리는 시간을 줄일 수 있어요. 자, 그러면 입력한 데이터의 종류에 따라 달라지는 결과를 미리 살펴볼까요?

구분		설명	입력 결과
텍스트	텍스트	• 기본적으로 왼쪽 맞춤으로 입력됩니다. • 숫자여도 텍스트와 함께 사용하면 텍스트로 인식됩니다. • 숫자 데이터 앞에 어포스트로피(')를 입력하면 텍스트가 됩니다.	길벗, Microsoft
	기호		₩, €, £, ‰, ↗, ⓐ, ☎, ♨
	한자		計算, 분석(分析)
	숫자와 텍스트의 혼용		2023년
	숫자형 텍스트		'123
숫자	숫자	• 기본적으로 오른쪽 맞춤으로 입력됩니다. • 날짜와 시간 데이터는 표시 형식이 지정된 숫자 데이터입니다.	1234
	날짜		2023-12-31
	시간		12:50:20

2 | 데이터의 종류 살펴보기

엑셀에서는 데이터의 종류에 따라 입력 방법이 다릅니다. 이것은 아주 기초적인 내용이지만, 엑셀을 잘 다루는 사용자도 실수하기 쉬우므로 데이터의 속성에 맞는 입력 방식을 반드시 정확하게 알고 있어야 합니다.

❶ 숫자 데이터

숫자 데이터는 엑셀에서 가장 기본이 되는 데이터로, 0~9 사이의 숫자를 부호 등과 함께 입력할 수 있어요. 입력한 데이터가 숫자로 인식되면 셀의 오른쪽에 자동으로 표시됩니다. 아주 큰 수나 세밀한 숫자는 지수 형식과 같은 과학용 표시 방식(1.23457E+13)으로 표시되기도 합니다.

숫자	입력 및 설명	맞춤
36000	형식을 포함하지 않고 숫자만 입력	
1.23456E+11	열 너비보다 긴 숫자는 지수 값으로 표시	
##########	열 너비보다 긴 숫자이면서 표시 형식이 지정된 경우	오른쪽 맞춤
1/4	분수는 대분수 형식으로 입력 📖 0 1/4로 입력	
-100	부호를 포함하여 입력하거나 『(100)』으로 입력	

TIP

셀 너비가 좁을 때도 숫자 데이터는 지수 형식으로 표시되지만, 표시 형식이 추가되어도 '######'으로 나타나요. 이 경우에는 행 머리글 사이의 경계선에 마우스 포인터를 올려놓고 ✚ 모양으로 변경되었을 때 더블클릭하여 셀 너비를 늘려주세요.

❷ 텍스트 데이터

한글, 영문, 한자, 특수 문자 등의 데이터는 텍스트로 인식됩니다. 숫자와 텍스트를 혼합한 데이터나 어포스트로피(')와 같이 입력한 숫자도 모두 텍스트로 인식되어 왼쪽 맞춤으로 표시됩니다.

문자	입력 및 설명	맞춤
엑셀	입력한 그대로 결과 표시	
123	어포스트로피(')를 입력하고 숫자를 입력한 경우	
2023년	숫자와 문자를 혼용한 데이터	왼쪽 맞춤
Microsoft M365	Alt + Enter 를 눌러 하나의 셀 안에서 줄 바꿈	

❸ 날짜, 시간 데이터

날짜 데이터는 숫자로 인식되지만, 하이픈(－)이나 슬래시(/)로 년, 월, 일을 구분하여 입력하면 셀에 날짜 서식이 자동으로 적용되어 표시됩니다. 날짜는 1900 － 1 － 1을 기준으로 입력한 날짜까지의 일련번호가 표시되고 표시 형식으로 서식을 변경할 수 있어요. 시간 데이터의 경우에는 콜론(:)을 사용하여 시간, 분, 초를 구분하여 입력하세요.

날짜 및 시간	입력 및 설명	맞춤
2023-08-20	연월일을 하이픈(-), 슬래시(/)로 구분, 오른쪽 맞춤이 기본	
01월 04일	연도를 빼고 『1/4』(월/일)로 입력	
12:00:00	시분초를 콜론(;)으로 구분하여 입력하고 오른쪽 맞춤이 기본	숫자형 데이터로
2023-03-19	Ctrl + ; 을 눌러 현재 날짜 입력	오른쪽 맞춤
3:53 AM	Ctrl + Shift + : 을 눌러 현재 시간 입력	

❹ 기호, 한자 데이터

엑셀에서는 워드프로세서만큼 기호나 한자 데이터를 많이 입력하지는 않아요. 하지만 문서의 제목이나 특정 데이터를 강조하기 위해 기호를 사용하거나 한글 이름을 한자로 변환해서 표시하는 경우가 종종 있으므로 입력 방법을 알아두면 좋아요.

기호/한자	입력 및 설명	맞춤
▶, め, た	[삽입] 탭-[기호] 그룹에서 [기호] 클릭	문자형 데이터로 왼쪽 맞춤
ⓐ, ℃, ‰	한글 자음 입력 → 한자 눌러 변환	
金聖勳	한글 입력 → 한자 눌러 한 글자씩 변환	
家族	한글 입력 → [검토] 탭-[언어] 그룹에서 [한글/한자 변환] 클릭	

잠깐만요 > 화면에 입력된 데이터를 정확히 판단하는 방법

엑셀에서는 화면에 이미 입력된 데이터만 보고 숫자, 텍스트, 수식 등을 판단하기가 쉽지 않습니다. 입력할 때는 왼쪽과 오른쪽으로 데이터가 맞춰지는 것을 보고 판단하지만, 서식(맞춤, 표시 형식 등)이 지정된 후에는 쉽게 판단하기 어렵습니다. 이것을 쉽게 알아내려면 모든 서식을 제거해서 맞춤 상태를 보고 왼쪽(텍스트), 오른쪽(숫자)로 판단하면 됩니다.

데이터 범위를 모두 선택하고 [홈] 탭-[편집] 그룹에서 [지우기]를 클릭한 후 [서식 지우기]를 선택해서 서식을 지웁니다. 그러면 '영업실적' 데이터 중에서 왼쪽으로 맞춰진 데이터는 모두 텍스트 데이터임을 알 수 있습니다.

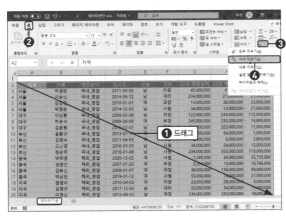

◀ 서식을 지우기 전의 데이터

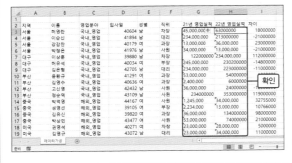

◀ 서식을 지운 후의 데이터

문서서식

문서편집

서식지정

차트

함수

정렬과필터

피벗테이블

파워쿼리

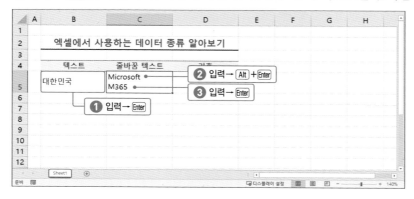

EXCEL 02 텍스트와 기호 입력하기

● **예제파일**: 텍스트기호입력.xlsx   ● **완성파일**: 텍스트기호입력_완성.xlsx

1 셀의 가장 기본 데이터인 텍스트를 입력하기 위해 [Sheet1] 시트의 B5셀에『대한민국』을 입력하고 Enter 를 누르세요. 텍스트가 왼쪽 맞춤으로 입력되면 한/영 을 눌러 영문 상태에서 C5셀에『Microsoft』를 입력하고 Alt + Enter 를 눌러보세요. C5셀에 두 번째 줄이 삽입되면『M365』를 입력하고 Enter 를 누릅니다. 이렇게 하면 한 셀에 두 줄의 텍스트를 입력할 수 있어요.

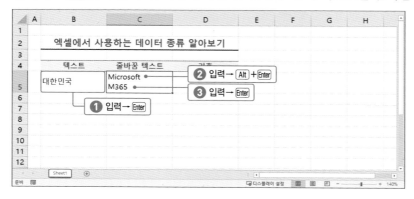

2 기호를 입력하기 위해 D5셀을 선택하고 **[삽입] 탭-[기호] 그룹**에서 **[기호]**를 클릭하세요.

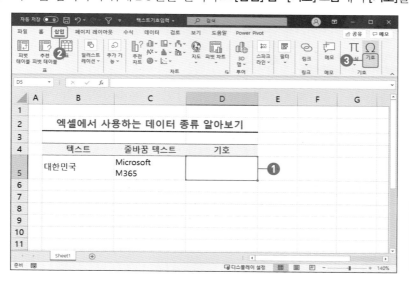

> **TIP**
>
> Alt + N + U 를 누르면 [기호] 대화상자를 빠르게 열 수 있어요.

3 [기호] 대화상자가 열리면 [기호] 탭의 '글꼴'에서는 [(현재 글꼴)]을, '하위 집합'에서는 [통화 기호]를 선택하고 원하는 기호를 선택한 후 [삽입]과 [닫기]를 차례대로 클릭하세요. 여기서는 통화 기호 [€]를 선택했어요.

4 이번에는 [기호] 대화상자를 열지 않고 셀에 기호를 직접 입력해 볼게요. [€] 기호의 뒤에 한글 자음인 『ㅁ』을 입력하고 [한자]를 누른 후 기호 목록에서 원하는 기호를 선택하세요. 만약 원하는 기호가 없으면 [보기 변경] 단추([»])를 클릭하거나 [Tab]을 눌러 더 많은 기호 목록을 표시한 후 [■]를 선택하세요.

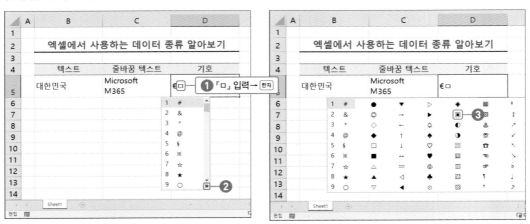

5 D5셀에 기호 [■]가 삽입되었는지 확인하세요.

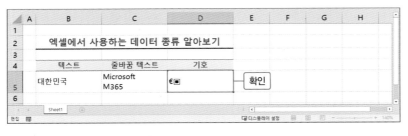

우선순위

문서서식

문서편집

서식지정

차트

함수

정렬과필터

피벗테이블

파워쿼리

EXCEL 03 숫자와 날짜/시간 데이터 입력하기

● **예제파일**: 숫자형데이터.xlsx   ● **완성파일**: 숫자형데이터_완성.xlsx

1 [Sheet1] 시트에서 B8셀에 『2345000』을 입력하고 Enter를 누릅니다. B9셀에는 『1234567890123456』
을 입력한 후 Enter를 누릅니다.

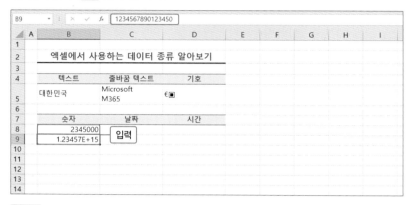

TIP

숫자는 열다섯 자리까지만 표시되므로 B9셀에 입력한 '1234567890123456'의 열여섯 번째 숫자 '6'은 수식 표시줄에 '0'으로 바뀌어 표시됩니다.

2 B8셀과 B9셀 데이터가 모두 오른쪽 맞춤으로 입력되지만, B9셀에 입력한 숫자는 열다섯 자리 이상의 숫자이므로 지수 형태로 표시됩니다. 이번에는 C8셀에 『2022/12/31』을 입력하고 Enter 를 누르면 날짜 데이터이기 때문에 '2022 – 12 – 31'로 표시되고 오른쪽 맞춤으로 입력됩니다. D8셀에 시간 데이터인 『11:35:20』을 입력하고 Enter를 누르면 오른쪽 맞춤으로 입력됩니다.

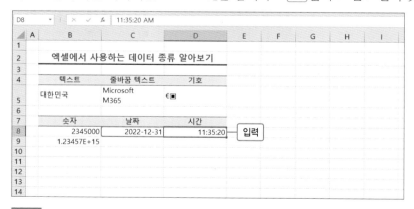

TIP

날짜 데이터를 입력하려면 하이픈(–)이나 슬래시(/)로 년, 월, 일을 구분해야 해요. 현재 시간을 빠르게 입력하고 싶으면 Ctrl+Shift+;을, 컴퓨터 시스템 날짜를 입력하려면 Ctrl+;을 누르세요.

EXCEL 04 한자로 변환하고 입력 형태 지정하기

● **예제파일**: 한자변환.xlsx ● **완성파일**: 한자변환_완성.xlsx

1 [Sheet1] 시트에서 B12셀에 한자로 변환할 텍스트인『예산』을 입력하고 **[검토] 탭-[언어] 그룹**에서 **[한글/한자 변환]**을 클릭하세요.

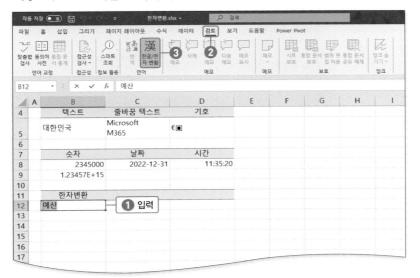

> **TIP**
>
> 『예산』을 입력하고 [한자]를 눌러도 [한글/한자 변환] 대화상자를 열 수 있어요.

2 [한글/한자 변환] 대화상자가 열리면 한자와 입력 형태를 선택할 수 있어요. 여기서는 '한자 선택'에서는 [豫算]을, '입력 형태'에서는 [한글(漢字)]를 선택하고 [변환]을 클릭하세요.

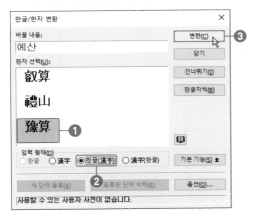

문서작성

문서편집

서식지정

차트

함수

컨트롤서식필터

피벗테이블

파워쿼리

29

3 B12셀의 '예산'이 한자 '예산(豫算)'으로 변환되었는지 확인하세요.

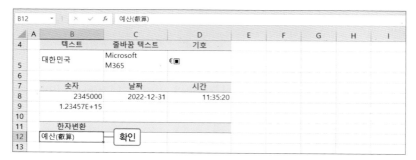

TIP

셀을 선택하고 한자 변환을 진행하면 한글 한자 변환을 계속 진행하겠는지 묻는
메시지 창이 열립니다. 이때 더 이상 변환할 문자가 없으면 [아니요]를 클릭하세요.

잠깐만요 > '잉크 수식' 기능으로 복잡한 수식 직접 입력하기

[삽입] 탭-[기호] 그룹에서 [수식]의 목록 단추(⌄)를 클릭하면 목록에서 제공된 수식을 그대로 선택하여 삽입할 수 있어요. 이렇게 하면 수식이 개체로 입력되어 이미지처럼 크기와 위치를 조절할 수 있습니다. 직접 수식을 입력하려면 [삽입] 탭-[기호] 그룹에서 [수식]의 목록 단추(⌄)를 클릭하고 해당하는 명령을 선택한 후 수식 기호 및 구조 라이브러리를 사용하여 텍스트 상자에 입력해야 합니다.

◉ **예제파일**: 수식입력.xlsx　◉ **완성파일**: 수식입력_완성.xlsx

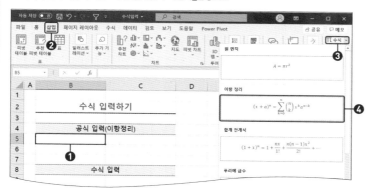

[삽입] 탭-[기호] 그룹에서 [수식]-[잉크 수식]을 선택하여 '잉크 수식' 기능을 이용하면 더 쉽게 수식을 입력할 수 있습니다. '잉크 수식'은 마우스나 펜으로 수식을 직접 입력한 후 엑셀 문서에 삽입하기 때문에 복잡한 수식도 쉽게 작성할 수 있어요.

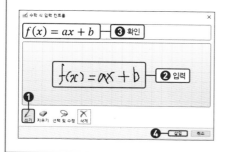

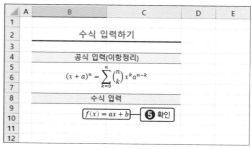

EXCEL 05 자동 채우기 핸들로 연속 데이터 입력하기

● **예제파일**: 데이터채우기.xlsx ● **완성파일**: 데이터채우기_완성.xlsx

1 엑셀에서는 연속된 데이터의 경우 규칙만 잘 활용해도 많은 양의 데이터를 순식간에 입력할 수 있어요. '12월 업무 계획 일정표'에 일련번호를 입력하기 위해 [업무일정표] 시트의 A5셀에 『1』을 입력하고 A5셀의 자동 채우기 핸들(✛)을 A34셀까지 드래그하세요.

▶영상강의◀

2 A5셀부터 A34셀까지 '1'이 복사되어 똑같이 채워지면 1씩 증가하는 수로 변경해 볼게요. [자동 채우기 옵션] 단추(📋)를 클릭하고 [연속 데이터 채우기]를 선택하세요.

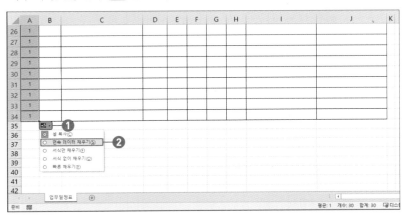

> **TIP**
>
> 숫자가 입력된 셀을 자동 채우기 핸들로 드래그하면 똑같은 숫자로 복사되어 채워지지만, 날짜나 요일, 분기와 같은 데이터는 자동으로 연속 데이터로 채워집니다.

3 이번에는 반복되는 데이터를 빠르게 입력하기 위해 B5셀부터 아래쪽 방향으로 『영업』, 『생산』, 『품질』, 『전산』, 『인사』를 순서대로 입력하세요. B5:B9 범위를 선택하고 B9셀의 자동 채우기 핸들을 B34셀까지 드래그하세요.

4 '구분' 항목에 데이터가 반복되어 채워졌는지 확인하세요. 이제 숫자와 문자가 섞인 데이터를 연속으로 입력해 볼게요. E4셀에 『1주』를 입력하고 E4셀의 자동 채우기 핸들을 H4셀까지 오른쪽 방향으로 드래그하세요.

5 E4:H4 범위에 숫자가 하나씩 증가한 데이터가 자동으로 채워졌는지 확인하세요.

EXCEL 06 입력 데이터 수정하고 삭제하기

● **예제파일**: 데이터수정.xlsx   ● **완성파일**: 데이터수정_완성.xlsx

1 [업무일정표] 시트에서 '12월 업무 계획 일정표'의 '12'를 '01'로 수정하기 위해 A1셀을 선택하세요. 수식 입력줄에서 '12'를 드래그하여 선택하고 『01』을 입력한 후 Enter를 누르면 제목이 수정됩니다.

2 여러 셀의 내용을 한꺼번에 수정해 볼게요. '1주'~'4주'를 '1차'~'4차'로 바꾸기 위해 E4:H4 범위를 선택하고 **[홈] 탭-[편집]** 그룹에서 **[찾기 및 선택]**을 클릭한 후 **[바꾸기]**를 선택하세요.

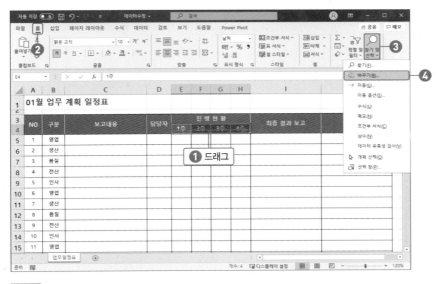

> **TIP**
>
> Ctrl+H를 눌러도 [바꾸기] 대화상자를 열 수 있습니다.

3 [찾기 및 바꾸기] 대화상자의 [바꾸기] 탭이 열리면 '찾을 내용'에는『주』를, '바꿀 내용'에는『차』를 입력하고 [모두 바꾸기]를 클릭하세요. 네 개의 항목이 바뀌었다는 메시지 창이 열리면 [확인]을 클릭하고 [찾기 및 바꾸기] 대화상자로 되돌아오면 [닫기]를 클릭합니다.

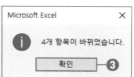

4 이번에는 '최종 결과 보고' 항목의 전체 데이터를 삭제해 볼게요. I3:I34 범위를 선택하고 선택 영역에서 마우스 오른쪽 단추를 클릭한 후 [삭제]를 선택하세요.

5 [삭제] 대화상자가 열리면 [셀을 왼쪽으로 밀기]를 선택하고 [확인]을 클릭하세요.

6 '최종 결과 보고' 항목이 삭제되면서 '비고' 항목이 왼쪽으로 이동되었는지 확인하세요.

NO	구분	보고내용	담당자	진행 현황 1차	2차	3차	4차	비고
1	영업							
2	생산							
3	품질							
4	전산							
5	인사							
6	영업							
7	생산							
8	품질							
9	전산							
10	인사							
11	영업							
12	생산							

01월 업무 계획 일정표

확인

잠깐만요 > 셀에 입력된 데이터 깔끔하게 지우기

셀 또는 범위에 입력된 데이터를 삭제하는 가장 간단한 방법은 Delete 를 누르는 것입니다. 하지만 이렇게 삭제하면 내용만 지워질 뿐 서식은 그대로 남습니다. 또한 셀이나 범위를 삭제하면 다른 셀이 왼쪽이나 오른쪽으로 밀려 셀의 위치가 변경되기도 합니다. 따라서 셀에 입력된 데이터와 서식을 모두 깔끔하게 지우려면 [홈] 탭-[편집] 그룹에서 [지우기]를 클릭하고 [모두 지우기]를 선택하세요.

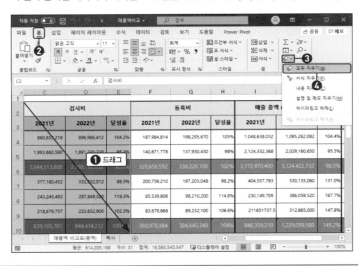

03 자유롭게 셀과 워크시트 다루기

엑셀 학습을 시작하자마자 셀에 데이터를 입력하는 다양한 방법부터 배웠습니다. 왜냐하면 셀(cell)은 데이터를 입력하는 기본 단위이며, 작업 영역인 워크시트의 가장 중요한 구성 요소이기 때문이죠. 따라서 셀과 워크시트를 다루는 것은 엑셀 문서 편집의 기초 중의 기초라고 할 수 있습니다. 이번 섹션에서는 셀에 입력한 데이터를 자유자재로 다루기 위해 셀 범위의 선택부터 복사와 이동, 행과 열의 편집, 워크시트의 기본 편집 기능까지 배워보겠습니다.

PREVIEW

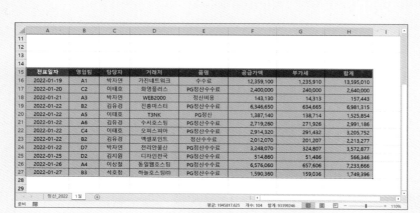

▲ 셀 이동 및 복사하기

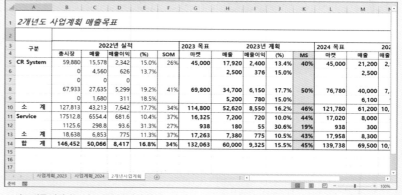

▲ 시트 이름 변경하고 시트 탭 위치 변경하기

EXCEL 01 빠르게 셀 범위 선택하기

● **예제파일**: 정산내역_셀범위선택.xlsx

셀에 입력한 데이터에 서식을 지정하거나 복사 및 이동과 같은 편집을 해야 한다면 해당 셀이나 범위를 선택해야 해요. 보통 셀 범위를 선택할 때는 해당 범위를 선택하는데, 여러 범위를 동시에 선택하거나 화면에서 벗어날 만큼 많은 양의 데이터를 선택할 때는 마우스만 사용하여 영역을 지정하는 것이 쉽지 않아요. 이번에는 키보드와 마우스를 사용하여 빠르고 다양하게 셀 범위를 선택하는 방법에 대해 알아보겠습니다.

1 | 마우스와 Shift 로 연속된 범위 선택하기

한 화면에 모두 보이지 않을 만큼 연속된 데이터의 범위를 선택해 볼게요. 선택해야 하는 전체 셀 범위에서 시작 셀을 선택하고 화면의 스크롤바를 아래쪽으로 드래그한 후 Shift 를 누른 상태에서 마지막 셀을 선택하세요.

2 | 마우스와 Ctrl 사용해 떨어져 있는 범위 선택하기

서로 떨어져 있는 여러 범위를 동시에 선택하려면 먼저 첫 번째 범위를 선택하고 Ctrl 을 누른 상태에서 다른 범위를 선택하세요.

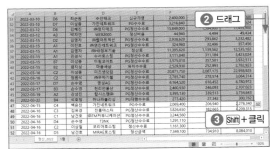

37

3 | 다중 열과 행 선택하기

열 머리글이나 행 머리글을 선택하면 열 전체 또는 행 전체를 선택할 수 있어요. 서로 떨어져 있는 다중 행을 범위로 지정하려면 먼저 선택할 행 머리글을 드래그하여 범위로 지정하고 [Ctrl]을 누른 상태에서 다른 행 머리글을 드래그하여 선택하세요. 이와 같은 방법으로 열 범위도 지정할 수 있어요. 워크시트의 전체 셀을 선택하려면 화면의 왼쪽 맨 위에서 A열과 1행 사이에 위치한 [시트 전체 선택] 단추(▲)를 클릭하세요.

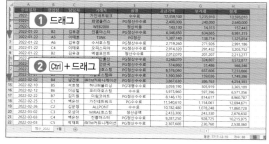

▲ 다중 행 선택하기

▲ 전체 셀 선택하기

▶ 영상강의 ◀

4 | 키보드 사용해 범위 선택하기

한꺼번에 범위로 지정할 데이터가 많으면 마우스보다 키보드를 사용하는 것이 훨씬 더 편리합니다. 시작 범위를 선택하고 [Ctrl]+[Shift]를 누른 상태에서 방향키(←, ↑, →, ↓)를 눌러 데이터 범위의 끝까지 한 번에 선택해 보세요. 전체 범위를 빠르게 선택하려면 데이터 범위에 있는 하나의 셀을 선택하고 [Ctrl]+[A]를 누르세요.

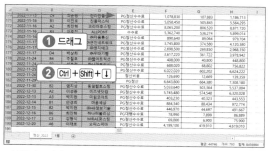

▲ 방향키로 데이터의 범위 선택하기

▲ 연속된 전체 범위 선택하기

TIP

[Shift]는 연속된 셀을 하나씩 선택하고 [Ctrl]은 데이터 범위의 끝으로 선택 셀을 이동시킵니다. 따라서 [Ctrl]과 [Shift]를 함께 누르면 해당 범위의 맨 끝까지 연속된 모든 범위를 선택할 수 있어요.

EXCEL 02 셀 데이터 복사하고 이동하기

● **예제파일**: 정산내역_셀복사이동.xlsx ● **완성파일**: 정산내역_셀복사이동_완성.xlsx

1 [정산_2022] 시트에서 '1월' 데이터인 A1:H13 범위를 선택하고 [**홈**] 탭-[**클립보드**] 그룹에서 [**복사**]를 클릭하세요.

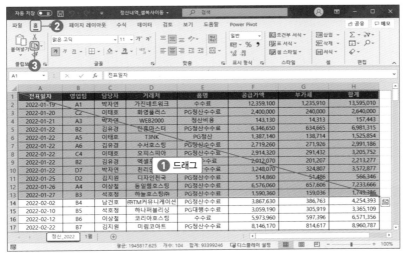

▶ 영상강의 ◀

2 [1월] 시트로 이동하여 A1셀을 선택하고 [**홈**] 탭-[**클립보드**] 그룹에서 [**붙여넣기**]의 🗋를 클릭하세요. **1** 과정에서 복사한 데이터가 A1셀부터 삽입되면 [붙여넣기 옵션] 단추(🗋 (Ctrl)▾)를 클릭하고 '붙여넣기'에서 [**원본 열 너비 유지**](🗋)를 클릭하세요.

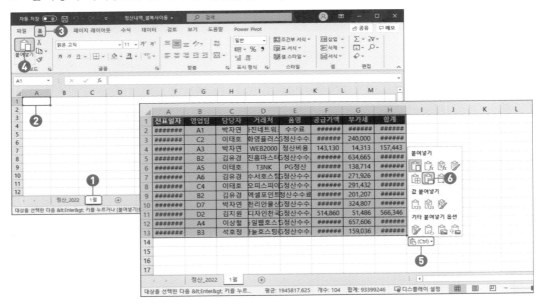

3 원본 데이터 범위의 열 너비까지 복사했으면 복사한 '1월' 데이터를 다른 셀로 이동해 볼게요. 범위가 선택된 상태에서 **[홈] 탭-[클립보드]** 그룹의 **[잘라내기]**를 클릭하세요.

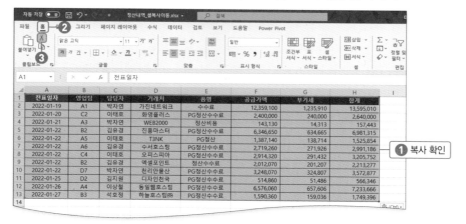

4 데이터를 이동하여 붙여넣을 위치인 A15셀을 선택하고 **[홈] 탭-[클립보드]** 그룹에서 **[붙여넣기]**의 를 클릭하거나 **Ctrl** + **V**를 누르세요.

5 잘라낸 데이터 범위가 A15셀부터 붙여넣어지면서 이동했는지 확인하세요.

EXCEL 03 서식, 값을 포함한 셀 범위 복사하기

● **예제파일**: 정산내역_선택하여붙여넣기.xlsx ● **완성파일**: 정산내역_선택하여붙여넣기_완성.xlsx

문서시작

문서편집

서식지정

차트

함수

정렬과필터

피벗테이블

파워쿼리

1 [1월] 시트에서 데이터인 A1:D13 범위를 드래그하여 선택한 후 Ctrl 를 누른 상태에서 H1:H13 범위를 드래그하여 선택하세요. 그런 다음 **[홈] 탭-[클립보드] 그룹**에서 **[복사]**를 클릭하세요.

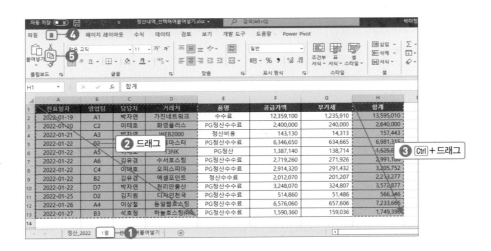

2 [선택하여붙여넣기] 시트로 이동하여 A1셀을 선택한 후 오른쪽 마우스 단추를 클릭하고 [선택하여 붙여넣기]를 클릭하세요.

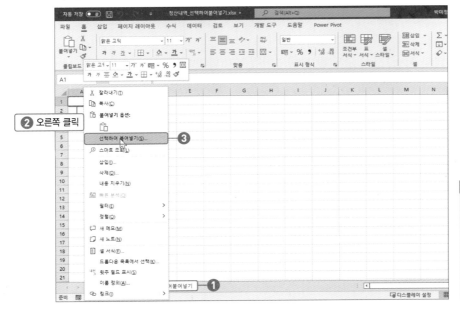

> **TIP**
>
> A1셀을 선택한 후 [홈] 탭-[클립보드] 그룹에서 [붙여넣기]의 목록 단추(▾)를 클릭하여 [선택하여 붙여넣기]를 선택해도 됩니다.

3 [선택하여 붙여넣기] 대화상자에서 '열 너비'를 선택한 후 [확인]을 누릅니다.

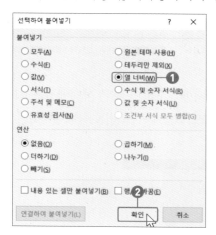

4 열 너비가 복사되었는지 확인한 후 다시 **[홈] 탭-[클립보드] 그룹**에서 **[붙여넣기]** 단추의 목록 단추를 클릭하여 **[붙여넣기]**를 선택합니다.

TIP

서식과 값 복사는 리본메뉴를 사용하지 않고 Ctrl + V 로 빠르게 붙여넣을 수 있어요.

5 기존 데이터의 열 너비와 서식, 값이 모두 잘 붙여넣어졌는지 확인하세요.

TIP

원본 데이터에서 수식으로 작성되었던 '합계' 열의 값은 수식 없이 숫자 값으로 붙여넣기 되었어요.

X 04 행/열 삽입 및 삭제하기
EXCEL

● **예제파일**: 정산내역_행열편집.xlsx ● **완성파일**: 정산내역_행열편집_완성.xlsx

1 추가할 항목이 있는 경우 열을 삽입해야 합니다. 먼저 '공급가액' 열 앞에 새로운 열을 삽입하기 위해 F열을 선택하고 마우스 오른쪽 단추를 클릭한 후 [삽입]을 선택합니다.

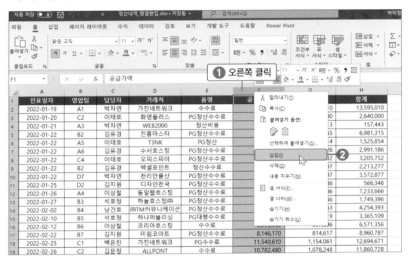

> **TIP**
> 엑셀에서는 항상 선택한 범위의 위나 앞에 새로운 행/열이 삽입됩니다.

2 열이 삽입되면 [삽입 옵션] 단추( )를 클릭하고 [오른쪽과 같은 서식]을 선택합니다.

> **TIP**
> 행/열을 삽입하면 기본적으로 위의 행/앞의 열의 서식이 적용됩니다. 위의 경우 새로 삽입한 열에 숫자 데이터를 입력해야 하므로 왼쪽에 있는 '품명' 열이 아닌 오른쪽에 있는 '공급가액' 열의 숫자 서식으로 삽입 옵션을 변경했습니다.

3 이번에는 특정 행을 삭제하기 위해 9, 10행의 머리글을 드래그하여 선택하고 [Ctrl]를 누른 상태에서 20행을 클릭합니다. 그런 다음 선택된 행 위에서 마우스 오른쪽 단추를 클릭한 후 [삭제]를 선택합니다.

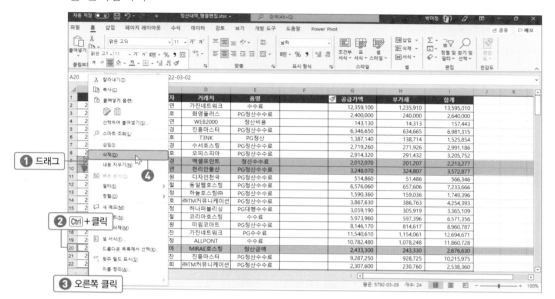

4 행이 삭제되면서 아래 행이 밀려 올라옵니다.

	A	B	C	D	E	F	G	H
1	전표일자	영업팀	담당자	거래처	품명		공급가액	부가세
2	2022-01-19	A1	박자연	가진네트워크	수수료		12,359,100	1,235,910
3	2022-01-20	C2	이태호	화영플러스	PG정산수수료		2,400,000	240,000
4	2022-01-21	A3	박자연	WEB2000	정산비용		143,130	14,313
5	2022-01-22	B2	김유경	진흥마스터	PG정산수수료		6,346,650	634,665
6	2022-01-22	A5	이태호	T3NK	PG정산		1,387,140	138,714
7	2022-01-22	A6	김유경	수서호스팅	PG정산수수료		2,719,260	271,926
8	2022-01-22	C4	이태호	오피스피아	PG정산수수료		2,914,320	291,432
9	2022-01-25	D2	김지원	디자인천국	PG정산수수료		514,860	51,486
10	2022-01-26	A4	이상철	동일웹호스팅	PG정산수수료		6,576,060	657,606
11	2022-01-27	B3	석호정	하늘호스팅㈜	PG정산수수료		1,590,360	159,036
12	2022-02-02	B4	남수정	㈜TM커뮤니케이션	PG정산수수료		3,867,630	386,763
13	2022-02-10	B5	석호정	하나퍼블리싱	PG대행수수료		3,059,190	305,919
14	2022-02-12	B6	이상철	코리아호스팅	수수료		5,973,960	597,396
15	2022-02-22	B7	김지원	미림코아트	PG정산수수료		8,146,170	814,617
16	2022-02-25	C1	백은찬	가진네트워크	PG수수료		11,540,610	1,154,061
17	2022-02-26	C2	김문정	ALLPONT	수수료		10,782,480	1,078,248
18	2022-03-03	C4	백은찬	진흥마스터	PG정산수수료		9,287,250	928,725
19	2022-03-03	C5	박재희	㈜TM커뮤니케이션	PG정산수수료		2,307,600	230,760
20	2022-03-03	C6	백은찬	T3NK	PG정산수수료		2,706,420	270,642
21	2022-03-03	C7	김문정	코리아호스팅	정산수수료		3,984,990	398,499
22	2022-03-03	C8	오성아	경희비즈넷	PG정산수수료		5,824,440	582,444

TIP

행/열이 삭제되면 아래쪽 행/오른쪽 열이 빈 행에 채워집니다.

EXCEL 05 항목 위치 이동하고 열 너비 조정하기

● **예제파일**: 정산내역_항목이동.xlsx ● **완성파일**: 정산내역_항목이동_완성.xlsx

1 [정산_2022] 시트에서 '품명' 항목을 '담당자' 항목의 앞으로 이동해 볼게요. E1:E190 범위를 선택하고 [홈] 탭-[클립보드] 그룹에서 [잘라내기]를 클릭하세요.

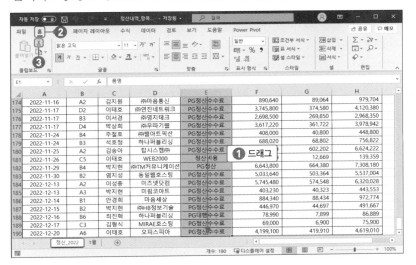

> **TIP**
>
> E1셀을 선택하고 Ctrl + Shift + ↓를 누르면 E1:E190 범위를 한 번에 선택할 수 있습니다.

2 잘라낸 데이터를 삽입하기 위해 C1셀을 선택하고 마우스 오른쪽 단추를 클릭한 후 [잘라낸 셀 삽입]을 선택하세요.

45

3 '품명' 항목의 모든 데이터가 '담당자' 항목의 앞으로 이동되었으면 달라진 열 너비를 조정해 볼 게요. A열 머리글부터 E열 머리글까지 선택하고 C열과 D열의 경계선에 마우스 포인터를 올려 놓은 후 ✛ 모양으로 변경되면 더블클릭하세요.

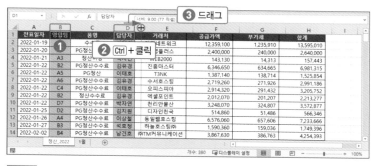

> **TIP**
>
> 데이터가 이동하면 열 너비는 해당 위치의 너비를 반영하기 때문에 셀에 데이터가 '#####'과 같이 표시될 수 있어요. 이때 열 머리글을 선택하고 경계선을 더블클릭하면 셀의 크기에 맞게 선택된 모든 열의 너비가 자동으로 조정됩니다.

4 열 너비가 모두 조정되었으면 Ctrl 을 이용해서 '영업팀' 항목과 '담당자' 항목에 해당하는 B열 머리글과 D열 머리글을 차례대로 클릭하여 모두 선택하세요. 선택한 D열 머리글의 오른쪽 경계선에 마우스 포인터를 올려놓고 ✛ 모양으로 변경되면 드래그하여 열 너비를 [9]로 조정하세요.

> **TIP**
>
> 여러 열을 선택한 상태에서 열 너비를 조정하면 열 머리글 경계선 중 특정 열 머리글이 아닌 선택된 모든 열의 경계선에서 다 적용됩니다. 여기서는 B열이나 D열의 오른쪽 경계선에서 조절해야 합니다.

5 B열 머리글과 D열 머리글의 너비가 지정한 열 너비만큼 한 번에 조정되었는지 확인하세요.

EXCEL 06 시트 이름과 시트 탭 위치 변경하기

● **예제파일**: 사업계획_시트편집.xlsx ● **완성파일**: 사업계획_시트편집_완성.xlsx

1 시트를 편집하고 서식을 지정하려면 리본 메뉴에서 해당 명령을 찾는 것보다 시트 탭에서 바로 가기 메뉴를 사용하는 것이 훨씬 더 빠르고 편리해요. 여기서는 [Sheet2] 시트 탭의 이름을 바꾸기 위해 변경할 시트 탭에서 마우스 오른쪽 단추를 클릭하고 [이름 바꾸기]를 선택하세요.

> **TIP**
>
> 시트 탭을 더블클릭해도 이름을 바꿀 수 있어요. 또한 [홈] 탭-[셀] 그룹에서 [서식]을 클릭하고 '시트 구성'에서 [시트 이름 바꾸기]를 선택해도 됩니다.

2 [Sheet2] 시트 탭에 『사업계획_2023』을 입력하고 [Enter]를 누르세요. 이와 같은 방법으로 [Sheet3] 시트 이름도 『사업계획_2024』로 변경하세요.

3 이번에는 시트 탭의 위치를 이동해 볼게요. [2개년사업계획] 시트 탭을 선택한 상태에서 오른쪽으로 드래그하면 맨 뒤에 ▼가 표시됩니다. 이와 같은 방법으로 [2개년사업계획] 시트 탭을 원하는 위치로 이동하세요.

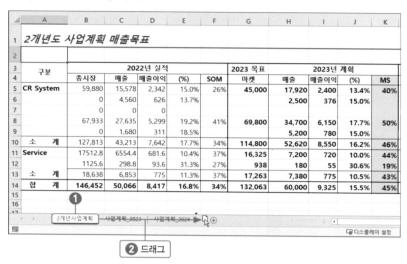

❷ 드래그

잠깐만요 > **하나의 시트만 다른 통합 문서로 복사하기**

여러 개의 시트가 포함된 엑셀 문서에서 원하는 하나의 시트만 복사하여 새로운 통합 문서로 열 수 있습니다. 복사한 시트는 통합 문서로 저장하고 [파일] 탭-[공유]를 선택하여 전자메일이나 OneDrive로 공유할 수 있어요.

❶ 복사할 시트 탭에서 마우스 오른쪽 단추를 클릭하고 [이동/복사]를 선택하세요.
❷ [이동/복사] 대화상자가 열리면 '대상 통합 문서'에서 [(새 통합 문서)]를 선택하고 [복사본 만들기]에 체크한 후 [확인]을 클릭하세요.

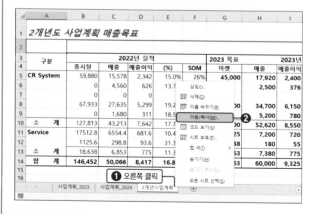

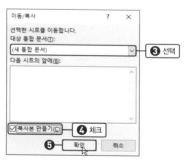

48

EXCEL 07 시트 숨기기와 취소하기

● **예제파일**: 사업계획_시트숨기기.xlsx   ● **완성파일**: 사업계획_시트숨기기_완성.xlsx

1 [2개년사업계획] 시트를 제외한 시트를 숨겨볼게요.. [사업계획_2023] 시트를 선택하고 Shift 를 누른 상태에서 [사업계획_2024] 시트를 선택하여 두 개의 시트를 모두 선택합니다. 선택한 시트에서 마우스 오른쪽 단추를 클릭하고 [숨기기]를 선택하세요.

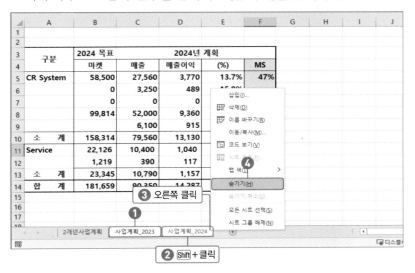

2 선택한 시트가 숨겨졌으면 숨기기를 취소해 볼까요? 시트 탭에서 마우스 오른쪽 단추를 클릭하고 [숨기기 취소]를 선택합니다. [숨기기 취소] 대화상자가 열리면 '하나 이상의 시트 숨기기 취소'에서 [사업계획_2023]을 선택하고 [확인]을 클릭한 후 [사업계획_2023] 시트가 다시 표시되었는지 확인하세요.

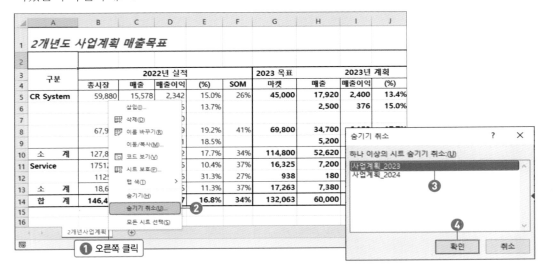

08 특정 셀 잠그고 시트 보호하기

● **예제파일**: 사업계획_시트보호.xlsx ● **완성파일**: 사업계획_시트보호_완성.xlsx

1 시트 보호를 지정하면 셀이 잠기므로, 시트를 보호하기 전에 데이터를 수정할 셀의 잠금 기능을 해제해야 합니다. 먼저 B5:D9 범위를 드래그하여 선택한 후 Ctrl 를 누른 상태에서 B11:D12 범위를 선택합니다. 그런 다음 [홈] 탭-[셀] 그룹의 [서식]-[셀 잠금]을 클릭하여 셀 잠금을 해제합니다.

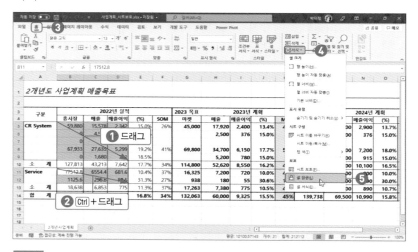

> **TIP**
>
> 워크시트의 전체 셀에는 기본적으로 잠금이 지정되어 있습니다. 셀 잠금은 시트 보호를 설정해야 활성화되며, 셀 잠금과 시트 보호 기능을 활용하여 시트의 특정 범위만 수정 가능하게 만들 수 있어요.

2 일부 셀이 잠금 해제된 상태에서 시트를 보호하기 위해 [홈] 탭-[셀] 그룹의 [서식]-[시트 보호]를 클릭합니다.

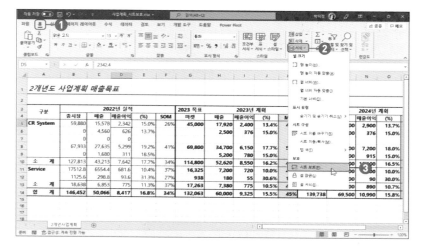

3 [시트 보호] 대화상자가 열리면 '시트 보호 해제' 암호에 『1234』를 입력하고, '워크시트에서 허용할 내용'의 '잠기지 않은 셀 선택', '셀 서식'에 체크 표시를 한 후 [확인]을 클릭합니다.

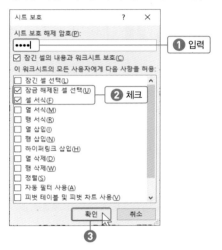

4 [암호 확인] 대화상자에서 다시 한 번 암호 『1234』를 입력한 후 [확인]을 클릭합니다.

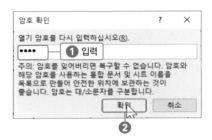

5 시트 보호가 지정되면 잠긴 셀은 선택되지 않으며, 셀 잠금이 해제된 범위의 셀은 데이터 입력뿐만 아니라 셀 서식도 지정할 수 있습니다. B5:D9, B11:D12 범위의 셀을 각각 클릭해 보고 B9셀에는 『3200』을 입력해 보세요.

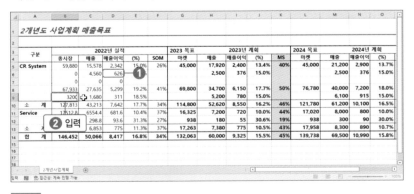

> **TIP**
> B5:D9, B11:D12 범위의 셀은 클릭도 되고 입력과 서식 지정도 되지만, 그 밖의 셀은 클릭조차 되지 않아요.

04 인쇄 환경 설정 및 통합 문서 저장하기

워크시트에 입력한 데이터나 양식 문서는 화면에 보이는 대로 인쇄되지 않는 경우가 많아요. 따라서 용지의 크기와 여백 등을 고려하여 여러 페이지로 나눠 인쇄해야 하거나 비율을 축소 또는 확대하는 등의 인쇄 설정 작업이 필요하죠. 또한 작업한 파일을 여러 사람들과 공유하거나 다른 컴퓨터에서 오류 없이 열어보려면 문서의 저장 형식도 중요해요. 이번 섹션에서는 인쇄에 필요한 환경 설정 방법과 다양한 형식으로 저장하는 방법에 대해 배워보겠습니다.

PREVIEW

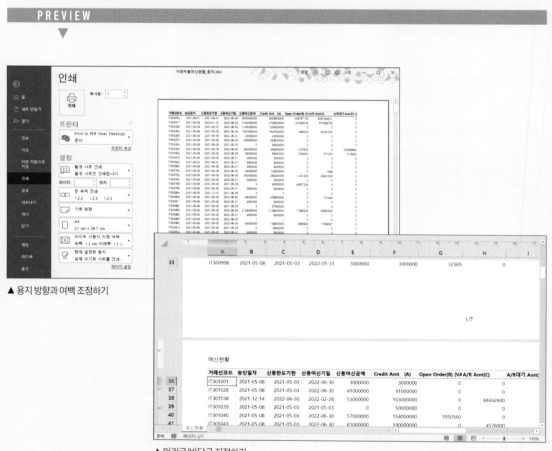

▲ 용지 방향과 여백 조정하기

▲ 머리글/바닥글 지정하기

섹션별 주요 내용	
01 용지 방향과 여백 지정하기 **02** 인쇄 페이지와 인쇄 제목 지정하기 **03** 인쇄용지의 머리글/바닥글 지정하기	
04 특정 영역만 인쇄 설정하고 시트 가운데에 인쇄하기 **05** 인쇄 매수 지정하고 용지에 맞게 인쇄하기	
06 암호 지정해 통합 문서 저장하기	

EXCEL 01 용지 방향과 여백 지정하기

● **예제파일**: 거래처별여신현황_용지.xlsx   ● **완성파일**: 거래처별여신현황_용지_완성.xlsx

1 열에 입력한 항목이 많아 문서를 가로로 인쇄하려면 용지의 방향을 변경해야 해요. [여신현황] 시트에서 [페이지 레이아웃] 탭-[페이지 설정] 그룹의 [용지 방향]을 클릭하고 [가로]를 선택하세요.

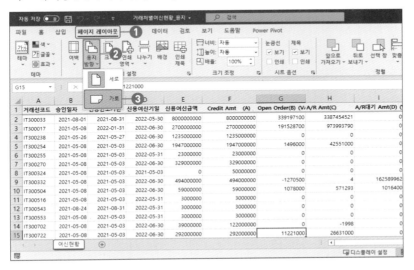

2 인쇄할 문서의 여백을 지정하기 위해 [페이지 레이아웃] 탭-[페이지 설정] 그룹에서 [여백]을 클릭하세요. 원하는 여백 스타일이 없으면 [사용자 지정 여백]을 선택하세요.

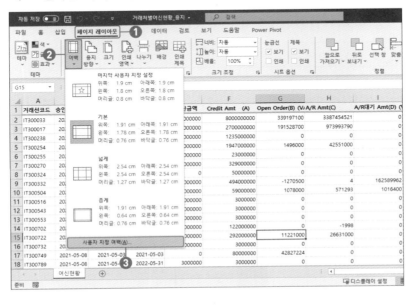

3 [페이지 설정] 대화상자의 [여백] 탭이 열리면 각 여백의 값을 변경합니다. 여기서는 '위쪽'과 '아래쪽'에는『1.5』를, '왼쪽'과 '오른쪽'에는『1.3』을 입력하고 [인쇄 미리 보기]를 클릭하세요.

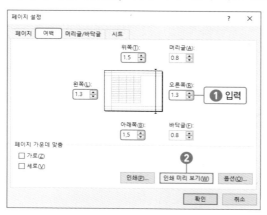

4 인쇄 미리 보기에서 [다음 페이지] 단추(▶)를 클릭해 인쇄할 화면을 차례대로 확인하세요.

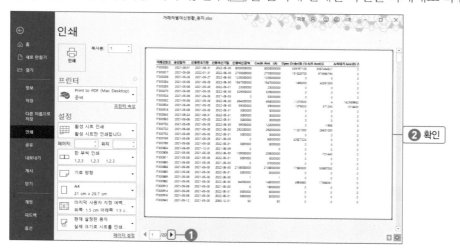

잠깐만요 > 인쇄용지의 여백 직접 조정하기

미리 보기 화면에서 용지의 여백을 지정할 수 있어요. [파일] 탭-[인쇄]를 선택하고 인쇄 미리 보기 화면의 오른쪽 아래에 있는 [여백 표시] 단추(▥)를 클릭하세요. 미리 보기 화면에 여백을 나타내는 선과 점이 표시되면 원하는 여백만큼 여백 크기를 드래그하여 직접 조절해 보세요.

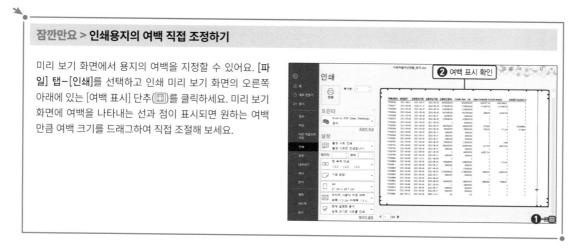

EXCEL 02 인쇄 페이지와 인쇄 제목 지정하기

● **예제파일**: 거래처별여신현황_페이지.xlsx   ● **완성파일**: 거래처별여신현황_페이지_완성.xlsx

1 [여신현황] 시트에서 인쇄할 페이지를 쉽게 지정하기 위해 **[보기] 탭-[통합 문서 보기] 그룹**에서 **[페 이지 나누기 미리 보기]**를 클릭하세요. 페이지 나누기 미리 보기 화면으로 변경되면 페이지를 구 분하는 점선과 실선을 볼 수 있어요. '1페이지'를 구분하는 수직 점선을 오른쪽으로 드래그하 여 1페이지의 영역을 '채권(C – F)' 항목까지 늘리세요.

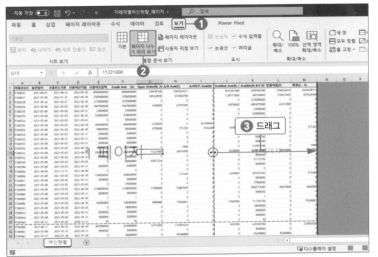

▶영상강의◀

TIP

점선을 드래그해서 강제로 페 이지를 조정하면 실선으로 바 뀌어요.

2 이번에는 1페이지의 내용 중 36행부터 다음 페이지로 인쇄하기 위해 A36셀을 선택합니다. **[페 이지 레이아웃] 탭-[페이지 설정] 그룹**에서 **[나누기]**를 클릭하고 **[페이지 나누기 삽입]**을 선택하세요.

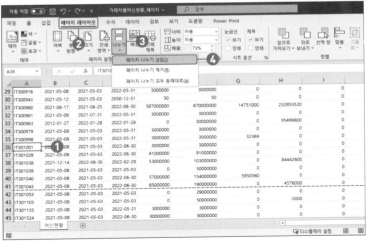

TIP

화면을 확대하여 좀 더 편리 하게 작업하세요.

3 36행을 기준으로 36행부터 인쇄 페이지가 2페이지로 조정되었습니다. 첫 페이지를 제외한 다음 페이지부터는 각 항목의 이름이 인쇄되지 않으므로 페이지가 바뀌어도 항목이 계속 표시되도록 **[페이지 레이아웃]** 탭-**[페이지 설정]** 그룹에서 **[인쇄 제목]**을 클릭하세요.

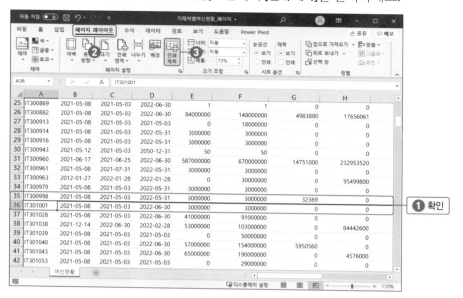

4 [페이지 설정] 대화상자의 [시트] 탭이 열리면 '인쇄 제목'의 '반복할 행'에 커서를 올려놓은 후 제목 행인 1행 머리글을 클릭하세요. '반복할 행'에 『$1:$1』이 입력되면 [인쇄 미리 보기]를 클릭하세요.

> **TIP**
>
> 제목 행의 머리글 선택이 어려우면 '반복할 행'에 직접 『$1:$1』을 입력하세요.

5 [이전 페이지] 단추(◀)나 [다음 페이지] 단추(▶)를 클릭하여 다른 페이지로 이동해 보면서 각 페이지마다 제목 행이 추가되었는지 확인하세요.

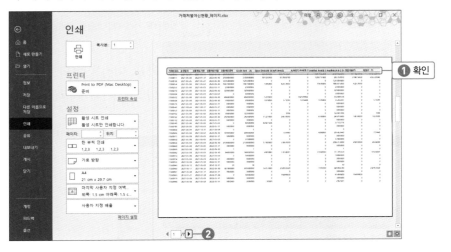

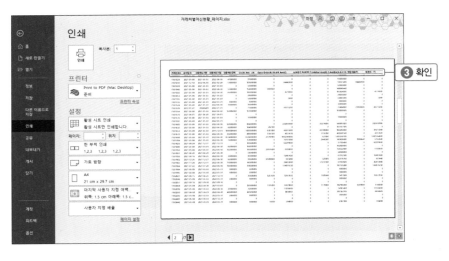

문서시작

문서편집

서식지정

차트

함수

정렬과필터

피벗테이블

페이지레이

03 인쇄용지의 머리글/바닥글 지정하기

● **예제파일**: 거래처별여신현황_머리글바닥글.xlsx ● **완성파일**: 거래처별여신현황_머리글바닥글_완성.xlsx

1 엑셀에서는 인쇄용지의 레이아웃을 미리 보면서 작업할 수 있어요. 머리글/바닥글의 위치를 직접 지정하기 위해 [여신현황] 시트에서 **[보기] 탭-[통합 문서 보기]** 그룹의 **[페이지 레이아웃]**을 클릭하세요.

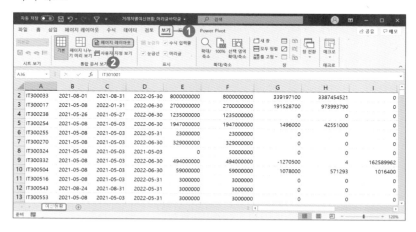

2 문서 보기가 변경되면서 A4용지에 여백과 머리글/바닥글이 표시되면 머리글 영역의 왼쪽 부분을 클릭하고 『여신현황』을 입력하세요. 리본 메뉴에 **[머리글 및 바닥글]** 탭이 표시되면 **[탐색]** 그룹에서 **[바닥글로 이동]**을 클릭하세요.

> **TIP**
>
> 표나 차트, 머리글 및 바닥글과 같이 특정 개체를 선택하면 리본 메뉴에 [표], [차트], [머리글 및 바닥글]와 같은 상황별 탭이 추가 표시됩니다. 엑셀 2019 이하 버전에서는 [머리글/바닥글 도구]로 표시됩니다.

3 바닥글 영역의 가운데 부분을 선택하고 [머리글 및 바닥글] 탭-[머리글/바닥글 요소] 그룹에서 [페이지 번호]를 클릭하세요. 바닥글 영역에 '&[페이지 번호]'가 나타나면 그 뒤에 『/』를 입력하고 [페이지 수]를 클릭하세요. 그러면 페이지 번호와 페이지 수가 '1/8'과 같은 형태로 표시됩니다.

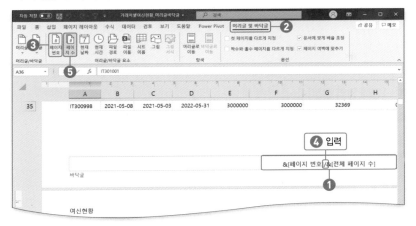

4 워크시트에 있는 임의의 셀을 더블클릭하여 [머리글 및 바닥글] 영역을 빠져나온 후 모든 페이지에 머리글과 바닥글이 제대로 삽입되었는지 확인하세요.

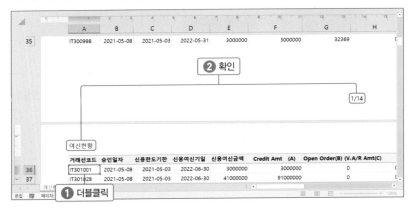

잠깐만요 > 인쇄용지의 가운데에 데이터 출력하기

문서의 데이터를 페이지의 가운데에 맞춰 인쇄하려면 [페이지 레이아웃] 탭-[페이지 설정] 그룹에서 [페이지 설정] 대화상자 표시 아이콘(⟲)을 클릭합니다. [페이지 설정] 대화상자가 열리면 [여백] 탭에서 '페이지 가운데 맞춤'의 [가로]에 체크하고 [확인]을 클릭하세요.

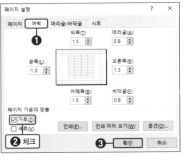

문서서식

문서편집

서식지정

차트

함수

정렬과필터

피벗테이블

파워쿼리

특정 영역만 인쇄 설정하고
시트 가운데에 인쇄하기

● **예제파일**: 자금일보_인쇄설정.xlsx　　● **완성파일**: 자금일보_인쇄설정_완성.xlsx

1 필요한 영역만 인쇄되도록 설정하기 위해 A1:O38 범위를 선택하고 [페이지 레이아웃] 탭-[페이지
설정] 그룹의 [인쇄 영역]-[인쇄 영역 설정]을 클릭하세요.

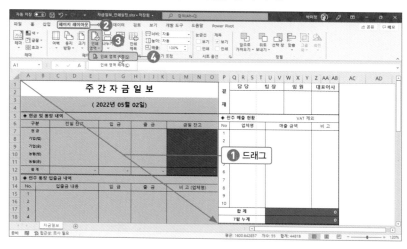

2 설정한 인쇄 영역을 시트의 가운데에 인쇄하기 위해 [페이지 레이아웃] 탭-[페이지 설정] 그룹의 [여
백]-[사용자 지정 여백]을 클릭하세요.

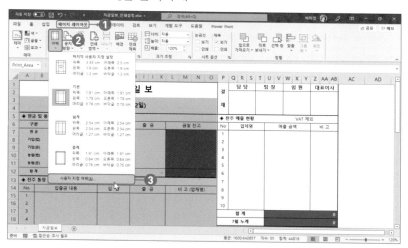

3 [페이지 설정] 대화상자의 [여백] 탭이 열리면 [페이지 가운데 맞춤]의 '가로'와 '세로'를 모두 체크 표시하고 [인쇄 미리 보기]를 클릭하세요.

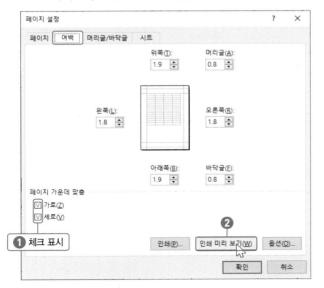

4 문서에 인쇄될 영역과 가운데 맞춤을 확인하고 [인쇄]를 클릭하세요.

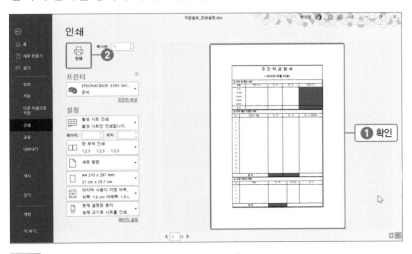

> **TIP**
>
> 인쇄될 영역이 모두 한 페이지에 인쇄되게 하려면 **[페이지 레이아웃] 탭-[크기 조정] 그룹**의 **[너비]**와 **[높이]**를 모두 '1페이지'로 지정하세요.

EXCEL 05 인쇄 매수 지정하고 용지에 맞게 인쇄하기

● **예제파일**: 판매수수료계산서_인쇄.xlsx　● **완성파일**: 판매수수료계산서_인쇄_완성.xlsx

1 [판매 수수료 계산] 시트에 있는 데이터를 한 장의 용지에 모두 인쇄해 볼게요. **[페이지 레이아웃]** **탭-[크기 조정] 그룹**에서 '너비'와 '높이'를 모두 [1페이지]로 선택하세요.

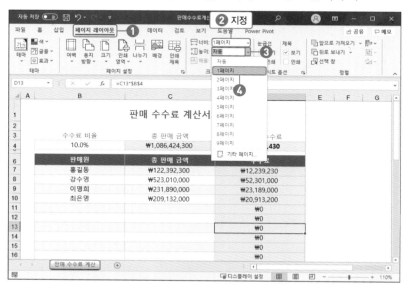

2 **[파일] 탭-[인쇄]**를 선택하고 인쇄 미리 보기 화면에서 문서가 한 장에 모두 인쇄되는지 확인합니다. '인쇄'의 '복사본'에 『3』을 입력하고 '용지 크기'를 [A5]로 지정한 후 [인쇄]를 클릭하세요.

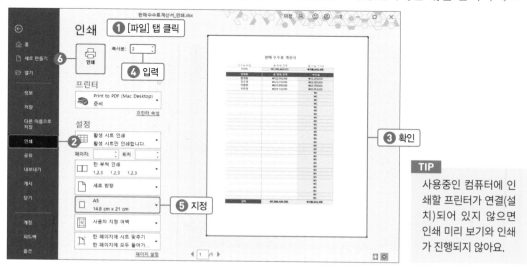

TIP

사용 중인 컴퓨터에 인쇄할 프린터가 연결(설치)되어 있지 않으면 인쇄 미리 보기와 인쇄가 진행되지 않아요.

EXCEL 06 암호 지정해 통합 문서 저장하기

● **예제파일**: 판매수수료계산서_저장.xlsx ● **완성파일**: 판매수수료계산서_저장_완성.xlsx

1 보안이 필요한 문서에 암호를 설정해 볼게요. **[파일] 탭-[다른 이름으로 저장]**을 선택하고 '최근 항목'에 저장 폴더가 없으면 **[찾아보기]**를 클릭하세요.

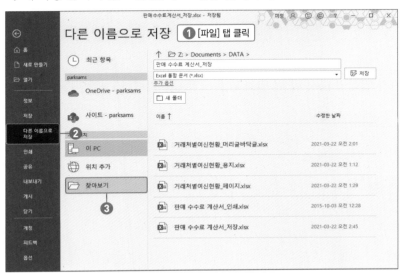

2 [다른 이름으로 저장] 대화상자가 열리면 저장하려는 폴더를 선택하고 파일 이름을 입력하세요. 여기에서는 '문서' 폴더에 『판매수수료계산서』를 입력하고 읽기 암호를 지정하기 위해 [도구]를 클릭한 후 [일반 옵션]을 선택하세요.

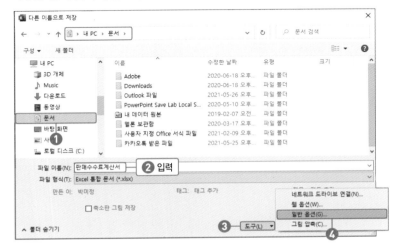

3 [일반 옵션] 대화상자가 열리면 '열기 암호'에『1234』를 입력하고 [확인]을 클릭하세요.

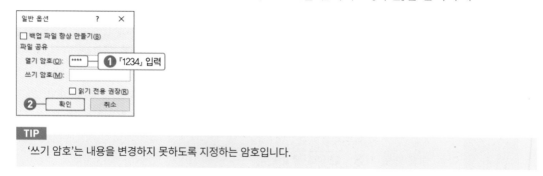

> **TIP**
> '쓰기 암호'는 내용을 변경하지 못하도록 지정하는 암호입니다.

4 [암호 확인] 대화상자가 열리면 다시 한 번 열기 암호『1234』를 입력하고 [확인]을 클릭해 암호 지정을 완료하세요.

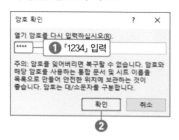

5 [다른 이름으로 저장] 대화상자로 되돌아오면 저장 폴더와 이름을 한 번 더 확인하고 [저장]을 클릭하세요.

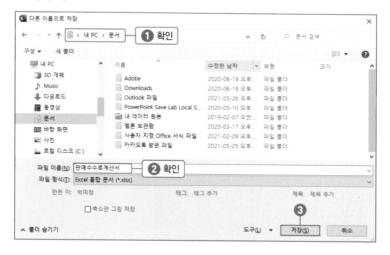

6 현재 실행된 엑셀 문서를 닫고 '문서' 폴더에서 '판매수수료계산서.xlsx'를 더블클릭하면 문서
가 보호되어 있다는 [암호] 대화상자가 열립니다. '암호'에『1234』를 입력하고 [확인]을 클릭하
세요.

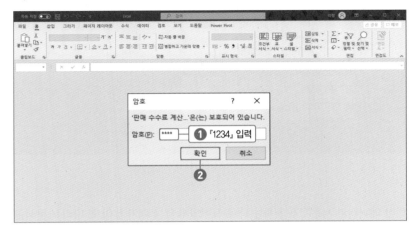

7 암호를 입력하여 쓰기 보호를 해제하라는 [암호] 대화상자가 열리면 [확인]을 클릭해야 문서를
열 수 있어요.

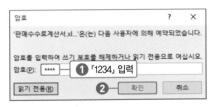

문서서식

문서편집

서식지정

차트

함수

정렬&필터

피벗테이블

파워쿼리

시각적으로 데이터 표현하기

엑셀 워크시트에 입력한 데이터가 사용자가 원하는 대로 표현되지 않을 때가 많아요. 따라서 문서를 완성할 때까지 표시 형식, 글꼴, 맞춤, 채우기, 테두리, 보호 등의 기능을 이용해 데이터를 꾸미고 서식을 지정해야 합니다. 한 걸음 더 나아가 데이터를 좀 더 돋보이게 만들고 싶다면 엑셀의 시각화 기능을 적용해 보는 것도 좋습니다. 엑셀에서는 다양한 조건부 서식과 차트를 제공하고 있어서 전문 분석가가 아니어도 시각적으로 표현하여 원하는 결과를 쉽게 완성할 수 있어요.

EXCEL

01 셀 서식 지정해 문서 꾸미기

워크시트에 입력할 수 있는 데이터는 숫자, 문자, 날짜/시간 데이터입니다. 엑셀에서는 '셀(cell)'이라는 제한된 위치에서만 데이터를 표현할 수 있기 때문에 일반적인 워드프로세서와 다르게 결과가 표현되기도합니다. 따라서 문서의 양식을 제대로 갖추려면 스타일을 적용하거나 셀 서식의 다양한 옵션을 이용해 데이터를 꾸밀 수 있어야 합니다. 이번 섹션에서는 문서의 기본 서식인 글꼴과 맞춤 지정부터 엑셀에서 제공하는 표시 형식을 이용해 좀 더 다양한 방법으로 데이터를 표시해 보겠습니다.

PREVIEW

▲ 글꼴, 맞춤, 채우기, 테두리 지정과 서식 복사로 문서 꾸미기

▲ 셀 스타일과 사용자 지정 표시 형식으로 송장 꾸미기

EXCEL 01 제목과 텍스트 꾸미기

● **예제파일**: 선박운송_글꼴.xlsx   ● **완성파일**: 선박운송_글꼴_완성.xlsx

1 [물류운송] 시트에서 제목이 입력된 A1셀을 선택하고 [홈] 탭-[글꼴] 그룹에서 [글꼴]은 [HY견명조] 를, [글꼴 크기]는 [20]을 선택하세요

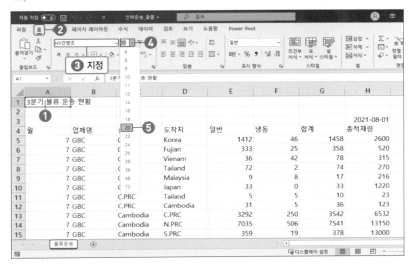

2 글꼴 스타일과 색을 지정해 볼게요. A1셀을 선택한 상태에서 [홈] 탭-[글꼴] 그룹의 [굵게]를 클릭 하고 [글꼴 색]에서 '표준 색'의 [진한 파랑]을 선택하세요.

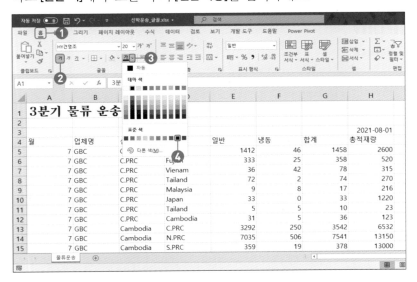

> **TIP**
> [홈] 탭-[글꼴] 그룹에서 [글꼴 색]의 목록 단추(⌄)가 아닌 [글꼴 색](가)을 클릭하면 현재 셀에 지정된 색이 표시됩니다.

3 제목에 해당하는 A1:H1 범위를 선택하고 [홈] 탭-[글꼴] 그룹의 [채우기 색]에서 '테마 색'의 [흰색, 배경 1, 5% 더 어둡게]를 선택하세요.

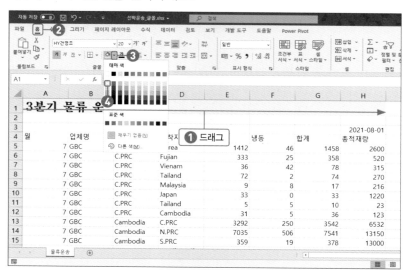

4 이번에는 데이터 범위의 제목 행인 A4:H4 범위를 선택하고 [홈] 탭-[글꼴] 그룹에서 [글꼴 크기 크게]를 한 번 클릭하여 1pt 더 큰 [12pt]로 지정합니다. [채우기 색]에서 '테마 색'의 [녹색, 강조 6, 80% 더 밝게]를 선택하세요.

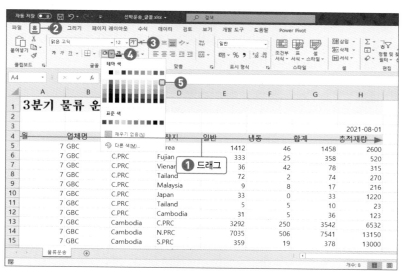

EXCEL 02 맞춤과 서식 복사로 보고서 꾸미기

● **예제파일**: 선박운송_맞춤.xlsx   ● **완성파일**: 선박운송_맞춤_완성.xlsx

1 [물류운송] 시트에서 제목과 텍스트 데이터의 맞춤을 지정하기 위해 A1:H1 범위를 선택하고 [홈] 탭-[맞춤] 그룹에서 [병합하고 가운데 맞춤]을 클릭합니다.

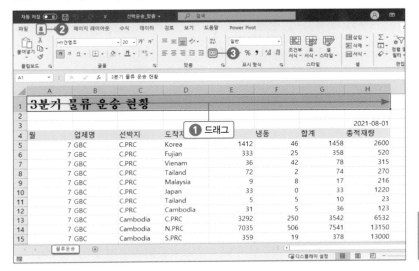

▶영상강의◀

2 제목 행의 맞춤을 지정하기 위해 A4:H4 범위를 선택하고 [홈] 탭-[맞춤] 그룹에서 [맞춤 설정] 대화 상자 표시 아이콘(🔽)을 클릭합니다. [셀 서식] 대화상자의 [맞춤] 탭이 열리면 '텍스트 맞춤'의 '가로'에서 [균등 분할 (들여쓰기)]을 선택하고 '들여쓰기'에 [1]을 지정한 후 [확인]을 클릭하세요.

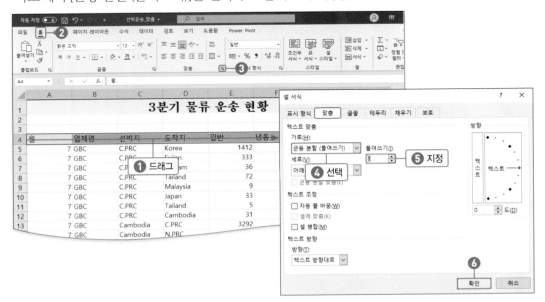

71

3 각 셀의 너비에 맞게 제목이 균등 분할되었으면 A5:A36 범위를 선택하고 [홈] 탭-[맞춤] 그룹에서 [병합하고 가운데 맞춤]을 클릭합니다. 셀이 블록 병합되면서 왼쪽 위의 값만 남고 나머지 값은 없어진다는 메시지 창이 열리면 [확인]을 클릭하세요.

4 A5:A36 범위가 하나의 셀로 병합되면서 7월을 의미하는 숫자 '7'이 나타나면 A36셀의 자동 채우기 핸들(✛)을 A100셀까지 드래그한 후 8월 셀과 9월 셀도 병합되었는지 확인하세요.

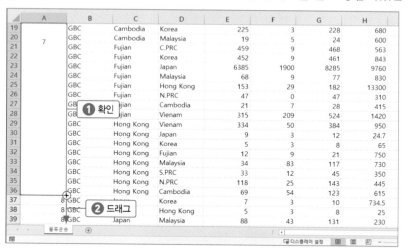

TIP

병합될 셀의 크기가 모두 같은 경우 자동 채우기 핸들(✛)을 드래그하면 숫자가 증가하면서 셀들이 병합됩니다.

5 '월' 항목의 전체 범위인 A5:A100 범위를 선택한 상태에서 **[홈] 탭-[맞춤] 그룹**의 **[위쪽 맞춤]**을 클릭하여 월을 셀의 위쪽 맞춤으로 지정하세요.

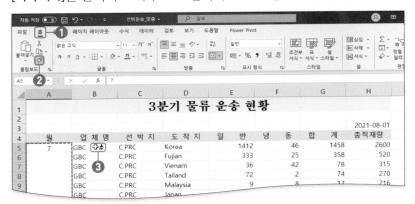

6 이와 같은 방법으로 '업체명' 항목에도 위쪽 맞춤을 복사해 볼게요. **[홈] 탭-[클립보드] 그룹**에서 **[서식 복사]**를 클릭하고 마우스 포인터가 ⬚ 모양으로 변경되면 B5셀을 선택하세요.

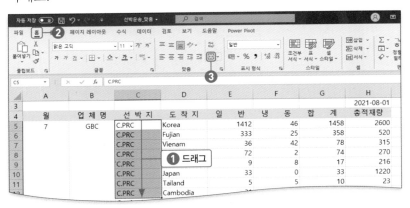

7 '업체명' 항목에도 하나의 셀에 위쪽 맞춤으로 서식이 복사되었어요. 이번에는 '선박지' 항목에서 텍스트가 같은 C5:C12 범위를 선택하고 **[홈] 탭-[맞춤] 그룹**에서 **[병합하고 가운데 맞춤]**을 클릭하세요.

8 셀이 블록 병합되면서 왼쪽 위의 값만 남고 나머지 값은 없어진다는 메시지 창이 열리면 [확인]을 클릭하세요.

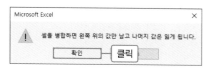

9 [홈] 탭-[맞춤] 그룹에서 [위쪽 맞춤]을 클릭하면 'C.PRC'가 셀에서 위쪽 맞춤으로 지정됩니다. 이와 같은 방법으로 다른 항목에도 위쪽 맞춤을 복사하기 위해 [홈] 탭-[클립보드] 그룹에서 [서식 복사]를 더블클릭하세요.

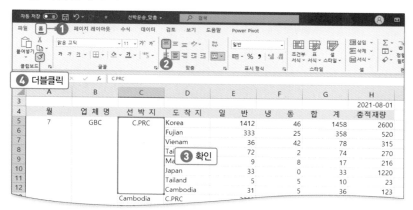

TIP

[홈] 탭-[클립보드] 그룹에서 [서식 복사]를 한 번 클릭하면 서식을 한 번만 복사할 수 있습니다. 그리고 [서식 복사]를 더블클릭하면 Esc 를 누를 때까지 계속 서식을 복사할 수 있어요.

10 마우스 포인터가 ⊕⊿ 모양으로 변경되면 '선박지' 항목의 각 항목에서 첫 번째 셀(C13셀, C21셀, C29셀, C37셀, C45셀, C53셀, C61셀, C69셀, C77셀, C85셀, C93셀)을 차례대로 클릭하여 서식을 복사하세요.

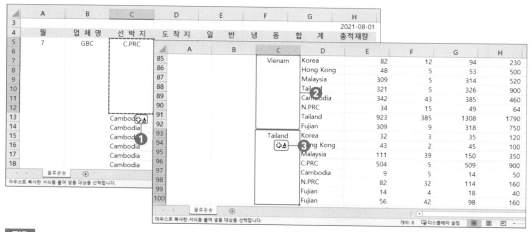

TIP

모두 같은 크기에 대한 셀 병합과 맞춤이므로 [홈] 탭-[클립보드] 그룹에서 [서식 복사]를 한 번 클릭하고 C13:C100 범위까지 드래그하여 선택해서 서식을 한 번에 복사해도 됩니다.

EXCEL 03 보고서에 테두리 지정하기

● **예제파일**: 선박운송_테두리.xlsx ● **완성파일**: 선박운송_테두리_완성.xlsx

1 [물류운송] 시트에서 A1셀을 선택하고 [홈] 탭-[글꼴] 그룹에서 [테두리]의 목록 단추(▾)를 클릭한 후 '테두리'에서 [아래쪽 이중 테두리]를 선택하세요.

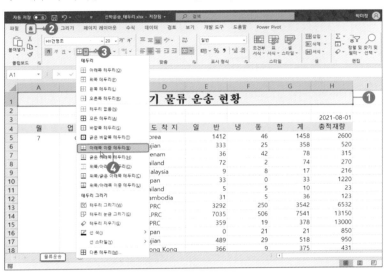

2 제목의 아래쪽에 이중 테두리가 지정되었으면 내용의 전체 범위인 A4:H100 범위를 선택하고 [홈] 탭-[글꼴] 그룹에서 [테두리]의 목록 단추(▾)를 클릭합니다. 원하는 테두리가 없으면 [다른 테두리]를 선택하세요.

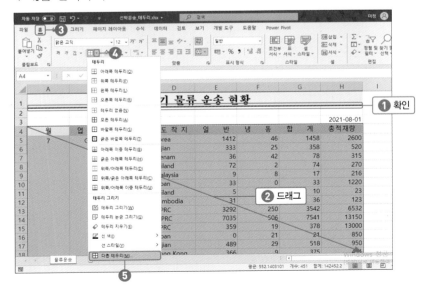

3 [셀 서식] 대화상자의 [테두리] 탭이 열리면 '선'의 '스타일'에서 [중간 실선]을 선택하고 '테두리'에서 위쪽 테두리와 아래쪽 테두리를 직접 클릭하세요. '선'의 '스타일'에서 [가는 실선]을 선택하고 '미리 설정'에서 [안쪽]을 클릭한 후 [확인]을 클릭하세요.

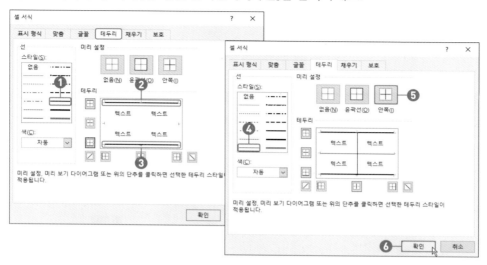

> **TIP**
>
> '테두리'에서 [위쪽 테두리] 단추(▤)와 [아래쪽 테두리] 단추(▤)를 클릭해도 됩니다.

4 표에 지정한 테두리가 모두 표시되었는지 확인하세요.

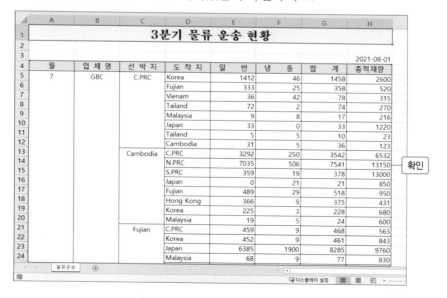

EXCEL 04 제목에 사용된 서식을 셀 스타일로 등록하기

● **예제파일**: 선박운송_셀스타일.xlsx ● **완성파일**: 선박운송_셀스타일_완성.xlsx

1 제목에 지정된 셀 서식을 다른 문서에도 적용하고 싶다면 셀 스타일에 등록해 사용합니다. 먼
저 A1셀의 제목을 선택하고 [홈] 탭-[스타일] 그룹에서 [셀 스타일]의 목록 단추(⌄)를 클릭하여 [새
셀 스타일]을 선택하세요.

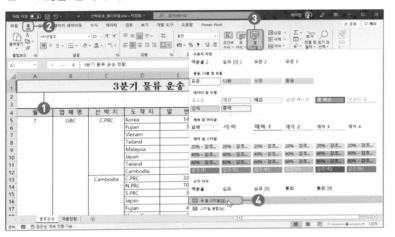

2 [스타일] 대화상자의 '스타일 이름'에 『보고서제목』을 입력하고 [확인]을 클릭하세요.

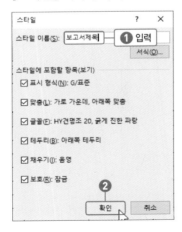

> **TIP**
>
> 스타일에 포함할 항목은 원하는 대로 선택할 수 있습니다.

3 이제 등록된 스타일을 적용하기 위해 [매출현황] 시트의 A1셀을 클릭하고 **[홈] 탭–[스타일] 그룹**에서 **[셀 스타일]**을 선택한 후 '사용자 지정' 항목의 **[보고서제목]**을 클릭하세요.

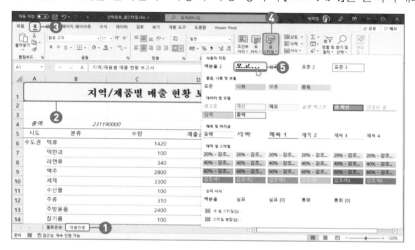

4 제목에 [보고서제목] 스타일이 빠르게 적용됩니다.

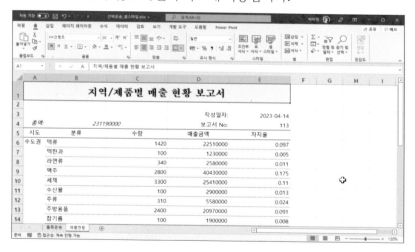

숫자와 날짜 데이터에 표시 형식 지정하기

EXCEL 05

◉ **예제파일**: 물품송장_표시형식.xlsx ◉ **완성파일**: 물품송장_표시형식_완성.xlsx

1 엑셀에서 숫자 데이터를 입력하면 쉼표나 통화 기호, 백분율 등이 자동으로 입력되지 않으므로 표시 형식을 직접 지정해야 합니다. [송장] 시트에서 G7:I30 범위를 선택하고 Ctrl 을 누른 상태에서 I33:I34 범위를 선택한 후 [홈] 탭-[표시 형식] 그룹에서 [쉼표 스타일]을 클릭하세요.

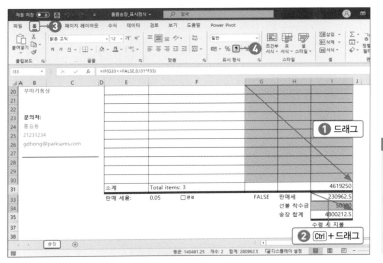

> **TIP**
>
> 다양한 숫자 표시 형식을 지정하려면 Ctrl + 1 을 눌러 [셀 서식] 대화상자를 열고 [표시 형식] 탭의 [숫자], [통화], [회계] 범주에서 원하는 표시 형식을 선택하세요.

2 '송장 합계'에 통화 기호를 표시해 볼게요. I31셀을 선택하고 Ctrl 을 누른 상태에서 I35셀을 선택한 후 [홈] 탭-[표시 형식] 그룹에서 [회계 표시 형식]을 클릭하세요.

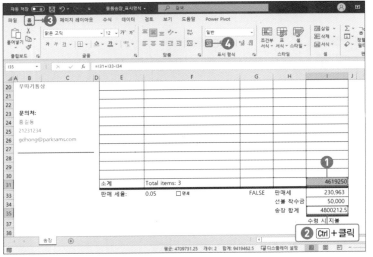

> **TIP**
>
> 원화(₩)가 아닌 달러($)나 그 밖의 통화 기호로 표시하려면 [홈] 탭-[표시 형식] 그룹에서 [회계 표시 형식]의 목록 단추 (▾)를 클릭하고 다른 통화를 선택하면 됩니다.

3 F33셀을 선택하고 [홈] 탭-[표시 형식] 그룹에서 [백분율 스타일]을 클릭하세요. F33셀의 숫자 데이터가 백분율로 표시되면 소수점 이하 첫째 자리까지 표시하기 위해 [자릿수 늘림]을 클릭하세요. 그러면 '5%'가 '5.0%'로 변경되어 표시됩니다.

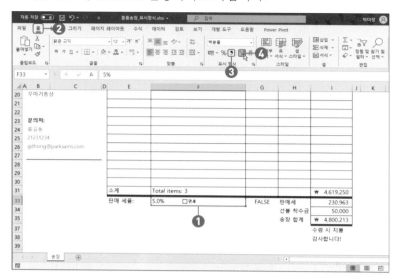

4 이번에는 날짜 데이터가 있는 B1셀을 선택하고 [홈] 탭-[표시 형식] 그룹에서 [표시 형식]의 목록 단추(⌄)를 클릭하세요. 원하는 날짜 스타일이 없으면 [기타 표시 형식]을 선택하세요.

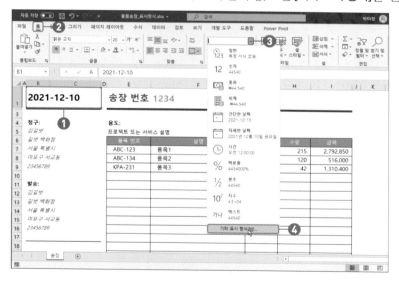

5 [셀 서식] 대화상자의 [표시 형식] 탭이 열리면 '범주'에서는 [날짜]를, '형식'에서는 [14 - Mar - 12]를 선택하고 [확인]을 클릭하세요. 그러면 '2021 - 12 - 10'이 '10 - Dec - 21'로 변경되어 표시됩니다.

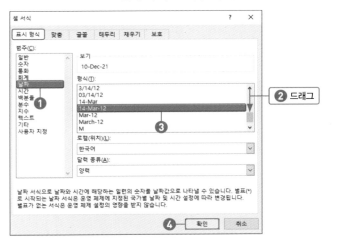

6 이번에는 전화번호에 표시 형식을 지정하기 위해 B9셀을 선택하고 Ctrl을 누른 상태에서 B16셀과 B25셀을 차례대로 클릭하여 모두 선택하세요. **[홈] 탭-[표시 형식] 그룹**에서 **[표시 형식]** 대화상자 표시 아이콘(⬚)을 클릭하세요.

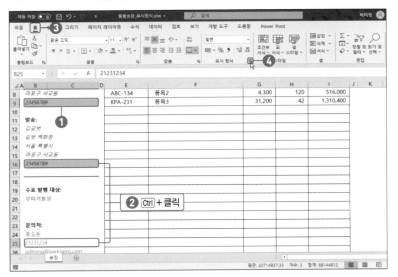

> **TIP**
>
> 리본 메뉴에서 기본적으로 제공하는 표시 형식이 아니면 [표시 형식] 대화상자 표시 아이콘(⬚)을 클릭하거나 Ctrl+1을 눌러 [셀 서식] 대화상자를 열고 [표시 형식] 탭에서 지정하세요.

7 [셀 서식] 대화상자의 [표시 형식] 탭이 열리면 '범주'에서 [기타]를 선택하고 '형식'에서 [전화번호 (국번 3자리)]를 선택한 후 [확인]을 클릭하세요.

8 B9셀과 B16셀, B25셀에 전화번호가 제대로 표시되었는지 확인하세요.

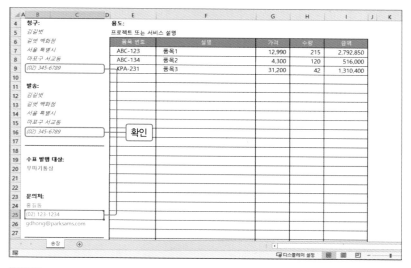

TIP

전화번호의 경우 '02'와 같은 숫자는 셀에 입력해도 맨 앞자리의 0은 표시되지 않으므로 표시 형식을 이용해서 지정하거나, 『02-123-1234』와 같이 텍스트를 직접 입력해야 해요.

EXCEL 06 사용자 지정 표시 형식 살펴보기

실무에서 사용하는 데이터 표시 형식은 엑셀에서 제공하는 서식만으로는 표현하기 어려운 것이 많아요. 이때 사용자 지정 표시 형식을 사용하면 데이터를 좀 더 다양하게 표현할 수 있습니다. 다만 문자의 경우에는 표시 형식이 따로 없어요.

1 | 숫자와 문자 데이터에 사용하는 코드

▶ 영상강의 ◀

엑셀에서 제공하는 모든 표시 형식은 사용자가 코드를 사용해서 표시할 수 있어요. 백분율 표시 형식의 경우 사용자 지정 표시 형식을 이용하면 '0%'와 같이 표시되죠. 사용자 지정 표시 형식에 사용하는 대표적인 숫자 기호는 #과 0으로, 숫자의 위치와 대부분의 숫자 형식을 표현할 수 있습니다. 따라서 이들 기호로 사용하는 표시 형식만 잘 익혀두면 숫자를 다양한 형식으로 활용할 수 있어요.

기호	기능	결과값
#	숫자 표시 기호로, 유효하지 않은 0은 표시 안 함	12
0	숫자 표시 기호로, 유효하지 않은 0은 0으로 표시	012
?	소수점 위나 아래에 있는 유효하지 않은 0 대신 공백을 추가해서 자릿수 맞춤	3/10
@	텍스트 표시 기호로, 입력한 텍스트 의미	길벗
소수점(.)	소수점 표시	1.00
쉼표(,)	세 자리마다 자릿수를 구분하고 숫자 기호의 뒤에 표시하면 3의 배수로 자릿수 숨김	1,234
" "	큰따옴표(" ") 안에 문자를 그대로 표시	1,234"원"
G/표준	표시 형식을 지정하지 않은 입력 상태 그대로의 숫자를 표시	1234
₩, $	통화 기호를 그대로 표시	$1,234

2 | 날짜 데이터에 사용하는 코드

날짜를 표시하는 기호는 Y, M, D입니다. 이들 기호를 사용하여 날짜와 요일에 대한 표시 형식을 지정할 수 있어요.

기호	표시 형식	기능	결과값
Y	yy	날짜에서 두 자리로 연도 표시	21
	yyyy	날짜에서 네 자리로 연도 표시	2021
M	m	날짜에서 한 자리로 월 표시	1
	mm	날짜에서 두 자리로 월 표시	01
	mmm	날짜에서 영문 세 글자로 월 표시	Jan
	mmmm	날짜에서 전체 글자로 월 표시	January
	mmmmm	날짜에서 대문자 한 글자로 월 표시	J
D	d	날짜에서 일 표시	9
	dd	날짜에서 두 자리로 일 표시	09
	ddd	날짜에서 영문 세 글자로 일 표시	Sun
	dddd	날짜에서 전체 글자로 일 표시	Sunday
A	aaa	날짜에서 한 글자로 한글 요일 표시	목
	aaaa	날짜에서 세 글자로 한글 요일 표시	목요일

3 | 시간 데이터에 사용하는 코드

시간을 표시하는 기호는 H, M, S로, 시간에 대한 표시 형식을 지정할 수 있어요.

기호	표시 형식	기능	결과값
H	h	시간에서 시 표시	5:30
	hh	시간에서 두 자리로 시 표시	17:30
	[h], [hh]	총 경과 시간을 시로 표시	30:15
M	m	시간에서 한 자리로 분 표시	11:8
	mm	시간에서 두 자리로 분 표시	11:08
	[m], [mm]	총 경과 시간을 분으로 환산하여 표시	300
S	s	시간에서 한 자리로 초 표시	11:20:9
	ss	시간에서 두 자리로 초 표시	11:20:09
	[s], [ss]	총 경과 시간을 초로 환산하여 표시	1200
AM/PM	am/pm	오전, 오후를 영문 'am', 'pm'으로 표시	11:30 AM
	오전/오후	오전, 오후를 한글 '오전', '오후'로 표시	11:30 오후

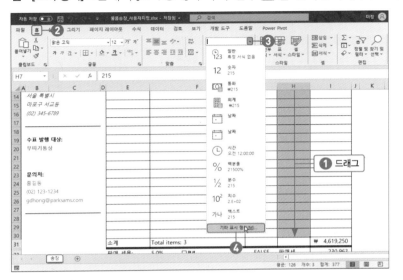

EXCEL 07 송장에 사용자 지정 표시 형식 지정하기

● **예제파일**: 물품송장_사용자지정.xlsx ● **완성파일**: 물품송장_사용자지정_완성.xlsx

1 [송장] 시트의 '수량' 항목에서 숫자의 뒤에 단위를 표시해 볼까요? H7:H30 범위를 선택하고 **[홈]
탭-[표시 형식] 그룹**에서 **[표시 형식]**의 목록 단추(⌄)를 클릭한 후 **[기타 표시 형식]**을 선택하세요.

> **TIP**
>
> 숫자의 뒤에 단위를 직접 입력하면 텍스트 데이터가 되므로 숫자를 계산할 수 없어요. 하지만 숫자에 표시 형식으로 단
> 위를 입력하면 숫자값은 변하지 않기 때문에 사용자 지정 표시 형식을 이용해서 숫자를 문자로 표시하는 것입니다.

2 [셀 서식] 대화상자의 [표시 형식] 탭이 열리면 기존 범주에는 없는 표시 형식이므로 '범주'에서
[사용자 지정]을 선택합니다. '형식'에서 [#,##0]을 선택하고 '#,##0'의 뒤에 『"ea"』를 추가 입력
한 후 [확인]을 클릭하세요.

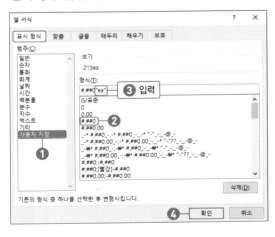

> **TIP**
>
> 숫자 값에 세 자리마다 쉼표를 표시하는 형식 코드는
> '#,##0'입니다. 또한 사용자 지정 표시 형식으로 문자를
> 입력하려면 반드시 큰따옴표("") 안에 입력해야 해요.

3 '수량' 항목에서 숫자의 뒤에 'ea' 단위가 표시되었으면 날짜 데이터의 형식을 변경해 볼게요. B1
셀을 선택하고 [홈] 탭-[표시 형식] 그룹에서 [표시 형식] 대화상자 표시 아이콘(⬒)을 클릭하세요.

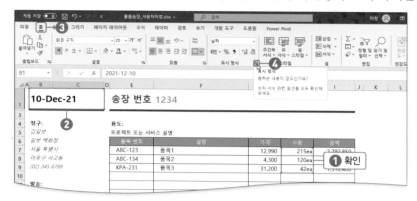

4 [셀 서식] 대화상자의 [표시 형식] 탭이 열리면 '범주'에서 [사용자 지정]을 선택하고 '형식'에
『dd – mmm – yy (aaa)』를 입력한 후 [확인]을 클릭하세요.

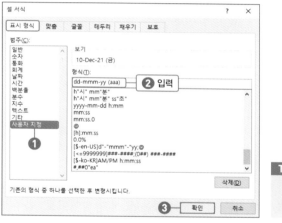

TIP

날짜의 형식을 지정하는 방법에 대해서는 84쪽을 참고
하세요.

5 B1셀의 날짜의 서식이 바뀌었는지 확인하세요. 이제 송장 번호의 표시 형식을 변경하기 위해 F1
셀을 선택하고 [홈] 탭-[표시 형식] 그룹에서 [표시 형식] 대화상자 표시 아이콘(⬒)을 클릭하세요.

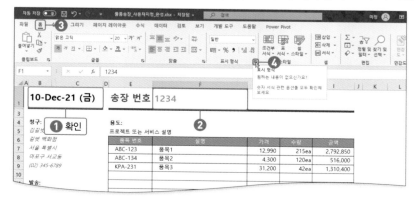

6 [셀 서식] 대화상자의 [표시 형식] 탭이 열리면 '범주'에서 [사용자 지정]을 선택하고 '형식'에 『"P - "00000』을 입력한 후 [확인]을 클릭하세요.

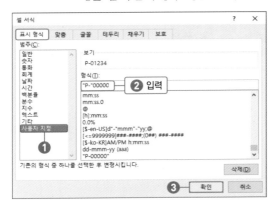

7 F1셀의 송장 번호가 'P - 01234'로 표시되었는지 확인하세요. 수식 입력줄을 확인해 보면 실제 값은 '1234'로 바뀌지 않았어요.

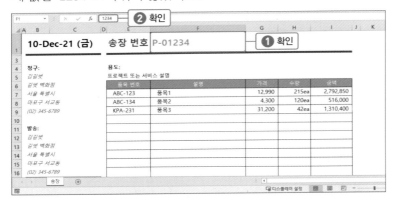

잠깐만요 > 실무에서 자주 사용하는 사용자 지정 표시 형식 살펴보기

숫자가 너무 커서 천 단위를 숨기고 싶거나, 전화번호 앞에 0을 표시하고 싶거나, 빈 셀로 표시하고 싶으면 다음의 방법을 이용하세요.

- **너무 큰 숫자에서 천 단위 숨기기: #,##0,,**
  세 자리마다 콤마를 표시하고 오른쪽 여섯 자리를 생략하는 기호로, 맨 뒤의 쉼표(,)는 3의 배수로 숨기는 기호입니다.
- **전화번호 앞에 0 표시하기: 000 - 0000 - 0000**
  실제 입력된 숫자의 앞에 0은 표시되지 않으므로 자릿수만큼 0으로 표시합니다.
- **빈 셀처럼 표시하기: ;;;**
  콜론(;)은 표시 형식의 조건을 구분하는 기호로, '양수;음수;0;문자'일 때 모두 빈 값으로 표시됩니다.

	입력값	표시 형식	결과값
천 단위, 백만 단위 숨기기	32139000000	#,##0,,	32,139
숫자 앞에 0 표시하기	1012345678	000-0000-0000	010-1234-5678
빈 셀로 표시하기	모든 값	;;;	

02 조건부 서식 지정해 데이터 강조하기

조건부 서식은 조건에 맞는 데이터만 서식을 이용해 시각적으로 강조하는 기능으로, 차트를 만들지 않아도 값의 크기를 한눈에 비교할 수 있어서 기초 데이터를 분석할 때 매우 편리하죠. 따라서 조건부 서식은 실제 업무에서 가장 많이 쓰이는 기능 중 하나로, 숫자를 다양한 방법으로 표시할 수 있어서 정확한 분석과 문제 해결도 가능합니다. 이번 섹션에서는 방대한 양의 데이터 중에서 조건에 맞는 데이터만 골라 특정 서식을 적용하는 방법을 배워보겠습니다.

PREVIEW

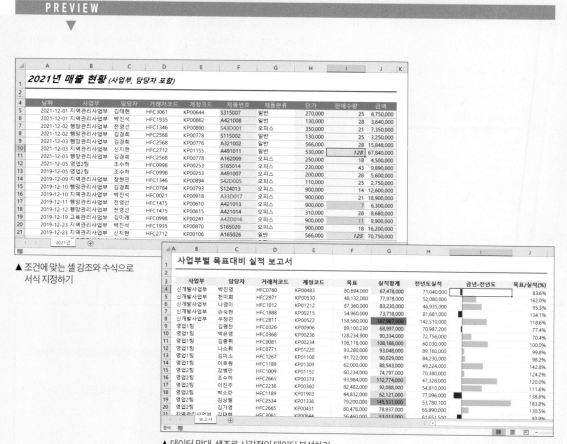

▲ 조건에 맞는 셀 강조와 수식으로 서식 지정하기

▲ 데이터 막대, 색조로 시각적인 데이터 분석하기

EXCEL 01 특정 조건에 맞는 데이터 강조하기

● **예제파일**: 매출현황_셀강조.xlsx   ● **완성파일**: 매출현황_셀강조_완성.xlsx

1 [2021년] 시트에서 문자 'D'가 포함된 제품 번호에 서식을 지정하기 위해 '제품번호' 항목 인 F5:F262 범위를 선택하세요. **[홈] 탭-[스타일] 그룹**에서 **[조건부 서식]**을 클릭하고 **[셀 강조 규칙]-[텍스트 포함]**을 선택합니다.

> **TIP**
>
> F5셀을 선택하고 Ctrl+Shift+↓를 누르면 F5:F262 범위를 한 번에 선택할 수 있습니다.

2 [텍스트 포함] 대화상자가 열리면 '다음 텍스트를 포함하는 셀의 서식 지정'에 『D』를 입력하고 '적용할 서식'에서 [빨강 텍스트]를 선택한 후 [확인]을 클릭하세요.

3 'D'가 포함된 제품 번호에 '빨강 텍스트' 서식이 지정되었어요. 이번에는 '판매수량' 항목인 I5:I262 범위를 선택하고 [홈] 탭-[스타일] 그룹에서 [조건부 서식]을 클릭한 후 [셀 강조 규칙]에서 원하는 조건이 없으므로 [기타 규칙]을 선택하세요.

4 [새 서식 규칙] 대화상자가 열리면 '규칙 유형 선택'에서 [다음을 포함하는 셀만 서식 지정]을 선택하세요. '규칙 설명 편집'의 '다음을 포함하는 셀만 서식 지정'에서 [셀 값], [>=]를 선택하고 값에 『100』을 입력한 후 [서식]을 클릭하세요.

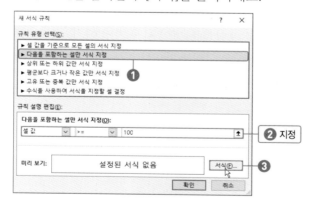

5 [셀 서식] 대화상자가 열리면 [글꼴] 탭에서 '글꼴 스타일'은 [굵게 기울임꼴]을, '색'은 '표준 색'에서 [진한 빨강]을 선택하고 [확인]을 클릭하세요.

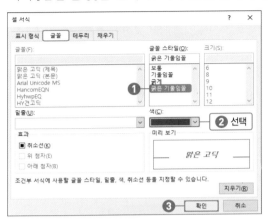

6 [새 서식 규칙] 대화상자로 되돌아오면 '미리 보기'에서 지정한 서식을 확인하고 [확인]을 클릭하여 규칙 편집을 끝내세요.

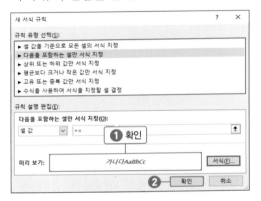

7 판매 수량이 100 이상인 데이터에 '굵은 기울임꼴', '진한 빨강' 서식이 적용되었는지 확인하세요.

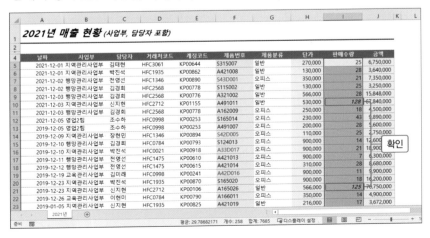

문서서식

문서편집

서식지정

차트

함수

정렬과필터

피벗테이블

피워쿼리

EXCEL 02 상위/하위 20개 판매 수량에 서식 지정하기

● **예제파일**: 매출현황_상위하위.xlsx　● **완성파일**: 매출현황_상위하위_완성.xlsx

1 [2021년] 시트에서 상위 20개 항목에 해당하는 판매 수량을 알아보기 위해 I5:I262 범위를 선택하세요. [홈] 탭-[스타일] 그룹에서 [조건부 서식]을 클릭하고 [상위/하위 규칙]-[상위 10개 항목]을 선택하세요.

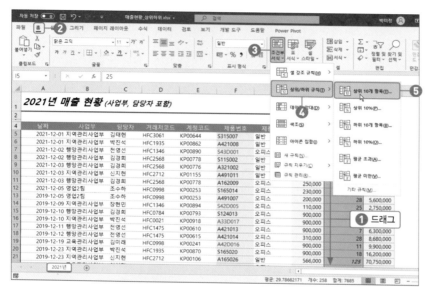

2 [상위 10개 항목] 대화상자가 열리면 '다음 상위 순위에 속하는 셀의 서식 지정' 값에 [20]을 지정하세요. '적용할 서식'에서 [진한 노랑 텍스트가 있는 노랑 채우기]를 선택하고 [확인]을 클릭하세요.

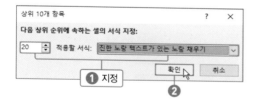

3 이번에는 하위 20개 항목에 해당하는 판매 수량에 대한 서식을 지정해 볼게요. I5:I262 범위를 선택한 상태에서 [홈] 탭-[스타일] 그룹의 [조건부 서식]을 클릭하고 [상위/하위 규칙]-[하위 10개 항목]을 선택하세요.

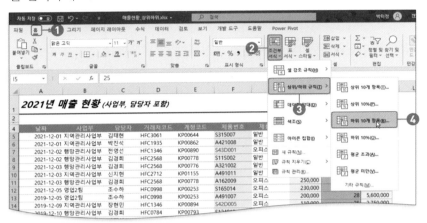

4 [하위 10개 항목] 대화상자가 열리면 '다음 하위 순위에 속하는 셀의 서식 지정' 값에 [20]을 지정합니다. '적용할 서식'에서 [진한 빨강 텍스트가 있는 연한 빨강 채우기]를 선택하고 [확인]을 클릭하세요.

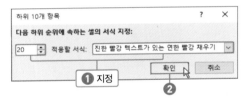

5 상위/하위 20개 항목에 해당되는 셀에 지정한 서식을 확인하세요.

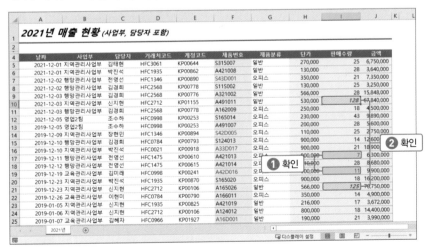

수식으로 조건부 서식과 새 규칙 지정하기

● **예제파일**: 매출현황_수식.xlsx　● **완성파일**: 매출현황_수식_완성.xlsx

1 조건에 해당하는 범위가 아닌 다른 범위에 서식을 지정해야 할 경우에는 수식을 사용해야 합니다. [2021년] 시트에서 전체 레코드에 서식을 지정하기 위해 A5:J262 범위를 선택하고 [홈] 탭-[스타일] 그룹에서 [조건부 서식]을 클릭한 후 [새 규칙]을 선택하세요.

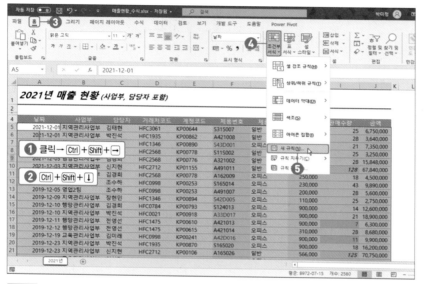

TIP

A5셀을 선택하고 Ctrl + Shift + → 를 누른 후 다시 Ctrl + Shift + ↓ 를 누르면 A5:J262 범위를 한 번에 선택할 수 있어요.

2 [새 서식 규칙] 대화상자가 열리면 '규칙 유형 선택'에서 [수식을 사용하여 서식을 지정할 셀 결정]을 선택하세요. '규칙 설명 편집'의 '다음 수식이 참인 값의 서식 지정'에 『=$J5>10000000』을 입력하고 [서식]을 클릭하세요.

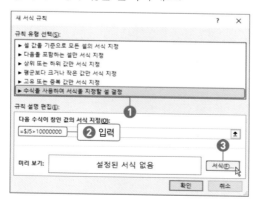

TIP

'=$J5>10000000'은 금액이 10,000,000 이상인 경우 행 전체에 서식을 지정하는 수식인데, 여기서 'J5'에 $ 기호가 붙는 것에 주의하세요. 이것에 대해서는 96쪽의 '잠깐만요'를 참고하세요.

3 [셀 서식] 대화상자가 열리면 [채우기] 탭을 클릭하고 '배경색'에서 두 번째 줄의 마지막 색을 선택한 후 [확인]을 클릭하세요. [새 서식 규칙] 대화상자로 되돌아오면 '미리 보기'에서 지정한 서식을 확인하고 [확인]을 클릭하여 규칙 편집을 끝내세요.

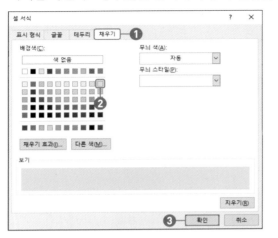
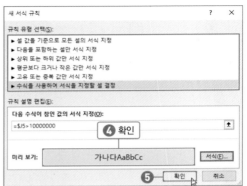

4 같은 범위에 서식이 지정되어 조건이 겹치는 경우에는 이전 서식을 확인할 수 없으므로 규칙을 편집해야 합니다. A5:J262 범위를 선택한 상태에서 **[홈] 탭-[스타일] 그룹**의 **[조건부 서식]**을 클릭하고 **[규칙 관리]**를 선택하세요.

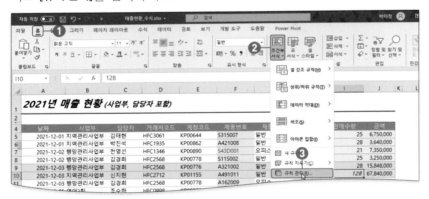

5 [조건부 서식 규칙 관리자] 대화상자가 열리면 '서식 규칙 표시'에서 [현재 워크시트]를 선택하고 [셀 값 >= 100]을 선택한 후 [위로 이동] 단추(⌃)를 세 번 클릭하여 맨 위로 이동합니다.

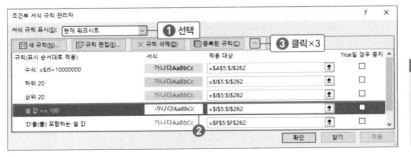

> **TIP**
>
> '셀 값 >= 100' 조건은 셀 값이 100 이상이면 굵게, 기울임꼴, 진한 빨강 서식이 지정됩니다.

문서작성
문서편집
서식지정
차트
함수
정렬과필터
피벗테이블
파워쿼리

6 [수식: =$J5>=10000000]을 선택하고 [아래로 이동] 단추(▽)를 세 번 클릭하여 맨 아래쪽으로 이동한 후 [확인]을 클릭하세요. '수식 =$J5>=10000000' 조건은 J5셀 값이 10000000 이상이면 **2** 과정에서 지정한 서식이 지정됩니다.

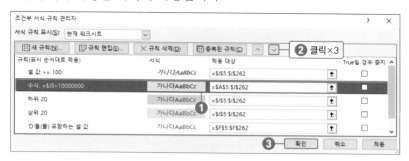

7 규칙 순서가 변경되면서 조건에 해당하는 모든 규칙이 제대로 표시되었는지 확인하세요.

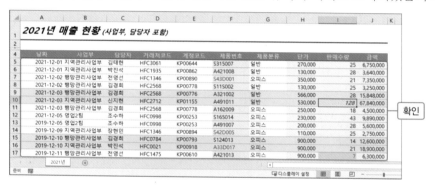

▶ 영상강의 ◀

잠깐만요 > 조건부 서식에서 수식을 작성할 때의 주의 사항 알아보기

조건부 서식을 지정할 때 수식을 사용하면 좀 더 다양하게 조건을 지정할 수 있어요. 하지만 수식을 사용해 조건부 서식을 지정할 때 반드시 주의해야 할 규칙이 있으므로 꼭 기억하세요.

1. 셀 범위의 선택 방향 고려하기
서식을 지정할 범위를 선택하는 방향에 따라 수식에서 사용할 셀이 결정됩니다. 예를 들어 A5:A262 범위에서 A5셀부터 드래그하여 범위를 지정하면 수식에 적용될 셀은 첫 번째 셀인 A5셀이 되고, 반대로 드래그할 경우에는 A262셀이 됩니다.

2. 첫 번째 셀만 지정해 수식의 참조 적용하기
수식에 적용하는 참조는 범위에서 첫 번째 셀만 지정하여 작성하므로 참조가 중요합니다. 만약 다중 항목인 A5:J262 범위의 경우 수식에서 사용할 참조는 '$J5'와 같이 열을 고정한 혼합 참조로 지정해야 행 단위로 서식이 지정됩니다. 다음의 서식 결과를 살펴보면 행(레코드) 단위로 지정된 것을 볼 수 있습니다.

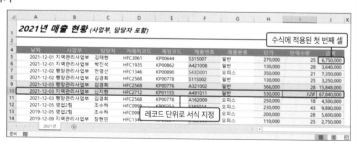

▲ 레코드(행) 단위로 지정된 조건부 서식

⬛ 04 색조와 데이터 막대 지정해 매출 분석하기

● **예제파일**: 매출보고서_색조.xlsx ● **완성파일**: 매출보고서_색조_완성.xlsx

1 [보고서] 시트에서 금년도 실적 합계에 대한 크기를 시각적으로 강조해서 표시해 볼게요.
G4:G36 범위를 선택하고 **[홈] 탭-[스타일] 그룹**에서 **[조건부 서식]**을 클릭한 후 **[색조]-[파랑 – 흰색 – 빨강 색조]**를 선택하세요.

> **TIP**
>
> 파란색에서 빨간색으로
> 갈수록 작은 값을 표현합
> 니다.

2 '실적합계' 항목 값의 크기에 따라 색상이 지정되었으면 '금년 – 전년도' 항목의 차이 값과 값
의 크기를 표시하기 위해 I4:I36 범위를 선택하세요. **[홈] 탭-[스타일] 그룹**에서 **[조건부 서식]**을 클
릭하고 **[데이터 막대]**에서 '단색 채우기'의 **[주황 데이터 막대]**를 클릭하세요.

> **TIP**
>
> 데이터 막대는 값의 크기에
> 따라 막대의 크기가 결정되
> 고 음수인 경우에는 색상이
> 다르게 지정됩니다.

3 '금년 − 전년도' 항목의 값의 크기와 양수/음수에 따라 막대의 색상과 크기가 지정되었으면 작성된 규칙을 수정해 볼까요? '금년 − 전년도' 항목이 선택된 상태에서 **[홈] 탭−[스타일] 그룹**의 **[조건부 서식]**을 클릭하고 **[규칙 관리]**를 선택하세요.

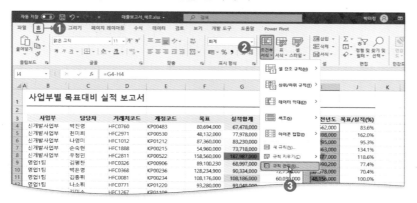

4 **[조건부 서식 규칙 관리자]** 대화상자가 열리면 **[데이터 막대]**를 선택하고 **[규칙 편집]**을 클릭하세요.

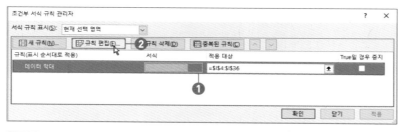

> **TIP**
>
> 워크시트에서 데이터 막대가 지정된 셀을 선택하거나 선택한 후 [규칙 편집]을 클릭해야 규칙을 곧바로 선택할 수 있어요.

5 **[서식 규칙 편집]** 대화상자가 열리면 **[음수 값 및 축]**을 클릭하세요.

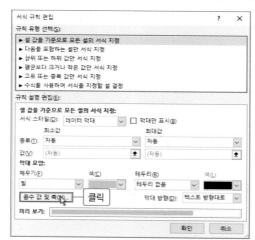

6 [음수 값 및 축 설정] 대화상자가 열리면 '음수 막대 채우기 색'의 [채우기 색]에서 '테마 색'의 [검정, 텍스트 1, 25% 더 밝게]를 선택하고 [확인]을 클릭하세요. [서식 규칙 편집] 대화상자로 되돌아오면 '규칙 설명 편집'의 '서식 스타일'에서 [막대만 표시]에 체크하고 [확인]을 클릭하세요.

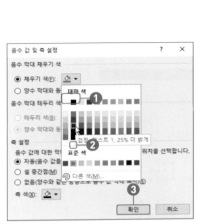
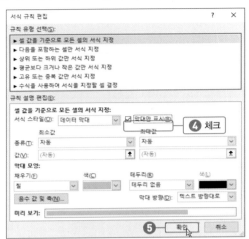

7 [조건부 서식 규칙 관리자] 대화상자로 되돌아오면 [확인]을 클릭하여 규칙 편집을 끝내세요.

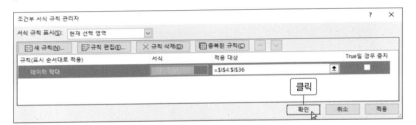

8 '금년 – 전년도' 항목의 데이터 막대의 규칙이 변경되면서 음수 값 막대의 색이 검은색으로 바뀌었는지 확인하세요.

▶ 영상강의 ◀

문서서식

문서편집

서식지정

차트

함수

결과값필터

피벗테이블

파워쿼리

EXCEL 05 아이콘 집합과 규칙 지우기

● **예제파일**: 매출보고서_아이콘.xlsx　　● **완성파일**: 매출보고서_아이콘_완성.xlsx

1 '목표/실적(%)' 항목 범위인 J4:J36을 선택하고 [홈] 탭-[스타일] 그룹의 [조건부 서식]을 클릭한 후 [아이콘 집합]-[3색 신호등(테두리 없음)]을 선택하세요.

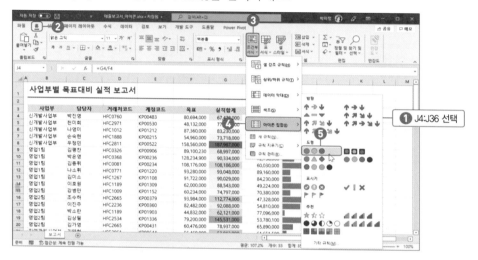

2 아이콘 집합이 지정되었으나 원하는 값으로 아이콘을 구분한 것은 아니므로 규칙을 다시 편집하기 위해 [홈] 탭-[스타일] 그룹의 [조건부 서식]을 클릭한 후 [규칙 관리]를 선택하세요.

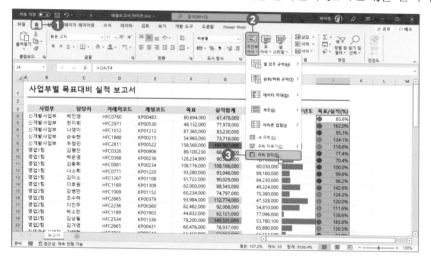

3 [조건부 서식 규칙 관리자] 창이 열리면 '아이콘 집합'을 선택하고 [규칙 편집]를 클릭하세요. [서식 규칙 편집] 창에서 백분율 값을 각각 50, 20으로 변경하고 [확인]을 클릭하세요.

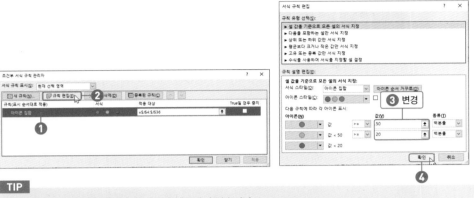

문서작성

문서편집

서식지정

차트

함수

정렬및필터

피벗테이블

파워쿼리

> **TIP**
>
> 아이콘 집합은 백분율에 따라 균등하게 배분되어 있습니다.

4 이번에는 이미 지정된 색조 서식을 삭제하기 위해 G4:G36 범위를 선택한 후 [홈] 탭-[스타일] 그룹의 [조건부 서식]을 클릭한 후 [규칙 지우기]-[선택한 셀의 규칙 지우기]를 선택합니다.

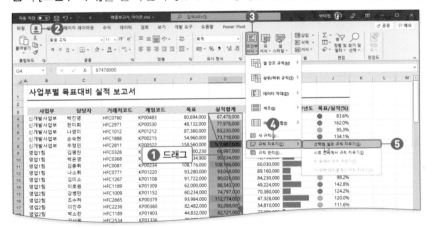

> **TIP**
>
> 워크시트에 지정된 모든 조건부 서식을 삭제하려면 [시트 전체에서 규칙 지우기]를 선택합니다.

잠깐만요 > [조건부 서식 규칙 관리자]에서 규칙 삭제하기

조건부 서식이 지정된 셀 범위를 선택하고 규칙을 삭제해도 되지만, 좀 더 편리하게 규칙을 삭제하려면 [조건부 서식 규칙 관리자]를 활용하는 것이 편리합니다. [조건부 서식 규칙 관리자] 창에서 '현재 워크시트'에 있는 모든 규칙 중에 원하는 규칙을 편집하거나 삭제할 수 있습니다.

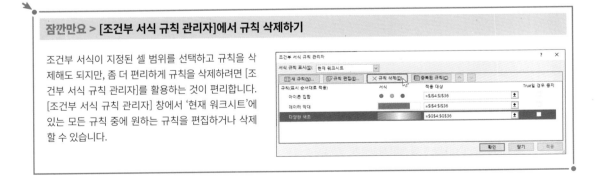

03 차트와 스파크라인으로 데이터 표현하기

데이터를 시각화하는 가장 쉬운 방법은 차트를 사용하는 것입니다. 엑셀에서는 버전이 올라갈수록 분석 기능인 차트가 특히 강화되었는데, 입력된 데이터만 선택해도 다양하게 분석할 수 있는 도구를 제공하기 때문이죠. 또한 데이터에 적합한 추천 차트를 제공하고 있어서 쉽고 빠르게 분석 자료를 시각화하여 만들 수 있어요. 이번 섹션에서는 기본 차트부터 엑셀 2016 이후에 추가된 선버스트 차트나 히스토그램과 같은 분석 차트에 대해 알아보고 데이터를 시각화하는 효율적인 방법에 대해 배워보겠습니다.

PREVIEW

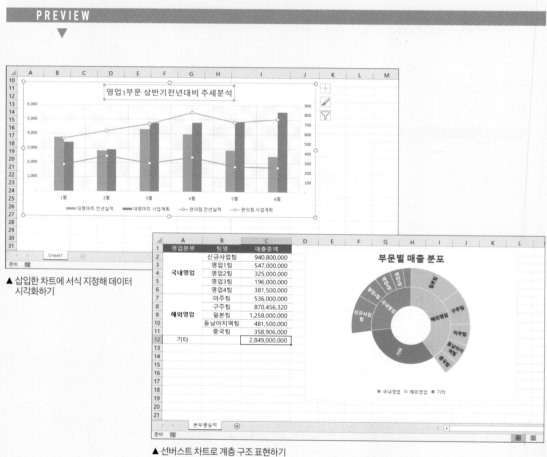

▲ 삽입한 차트에 서식 지정해 데이터 시각화하기

▲ 선버스트 차트로 계층 구조 표현하기

01 | 차트의 구성 요소와 빠른 차트 작성법 익히기   02 | 추천 차트 이용해 빠르게 차트 삽입하기
03 | 차트의 종류와 차트 데이터 편집하기   04 | 차트에 세부 서식 지정하기   05 | 원형 차트로 실적 비율 표현하기
06 | 스파크라인 이용해 판매 추이 살펴보기   07 | 서로 다른 차트를 하나로 표현하기 – 콤보 차트
08 | 데이터의 계층 구조 표현하기 – 선버스트 차트

차트의 구성 요소와 빠른 차트 작성법 익히기

1 | 차트의 구성 요소

요약된 데이터를 차트로 표현하면 여러 개의 값을 동시에 시각적으로 비교할 수 있습니다. 따라서 원하는 관점에 따라 다양한 차트로 작성한 후 구성 요소를 편집해 좀 더 효율적으로 표현할 수 있어야 합니다. 차트의 구성 요소는 차트에 따라 다르게 나타날 수 있습니다.

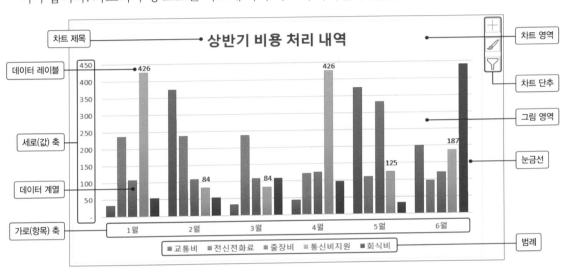

2 | 빠르게 기본 차트 그리기

워크시트에 차트를 삽입하려면 차트로 작성할 데이터 범위를 선택하고 [삽입] 탭-[차트] 그룹에서 원하는 차트를 선택해야 해요. 단축키를 사용하면 기본 차트를 좀 더 빠르게 삽입할 수 있어요.

같은 워크시트에 차트를 삽입한 경우

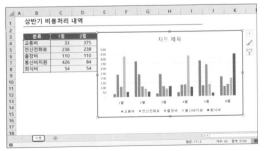

▲ 데이터 범위 선택 후 Alt + F1 을 눌러 같은 시트에 차트 삽입하기

새로운 워크시트에 차트를 삽입한 경우

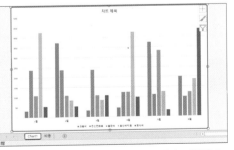

▲ 데이터 범위 선택 후 F11 을 눌러 새로운 시트에 차트 삽입하기

02 추천 차트 이용해 빠르게 차트 삽입하기

● **예제파일**: 판매계획및실적_차트삽입.xlsx ● **완성파일**: 판매계획및실적_차트삽입_완성.xlsx

1 [5월실적] 시트에서 차트로 표현하고 싶은 B4:E11 범위를 선택하고 [삽입] 탭-[차트] 그룹에서 [추천 차트]를 클릭하세요.

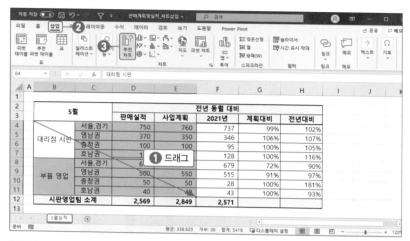

> **TIP**
>
> 계열 이름에 해당되는 '판매실적'(D3셀)과 '사업계획'(E3셀)은 병합된 셀 때문에 차트의 표현 범위에 포함되지 않았습니다.

2 엑셀에서는 데이터를 가장 잘 표현해 주는 다양한 스타일의 분석 차트를 제공하고 있어요. [차트 삽입] 대화상자가 열리면 [추천 차트] 탭에서 [묶은 세로 막대형]을 선택하고 [확인]을 클릭하세요.

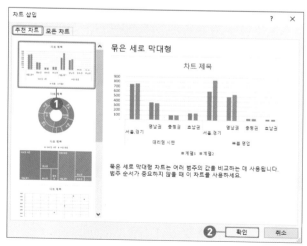

3 묶은 세로 막대형 차트가 삽입되면 B14셀의 위치로 드래그하여 이동하고 차트의 오른쪽 아래 모서리에 마우스 포인터를 올려놓은 후 ↖ 모양으로 변경되면 드래그하여 원하는 크기로 변경하세요. 작성한 차트의 스타일을 빠르게 변경하기 위해 차트를 선택한 상태에서 차트의 오른쪽 위에 있는 [차트 스타일] 단추(✎)를 클릭하고 [스타일]에서 [스타일 6]을 선택하세요.

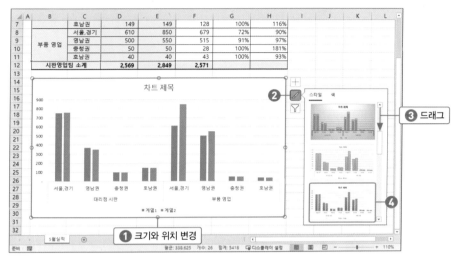

TIP

차트 스타일은 [차트 디자인] 탭-[차트 스타일] 그룹에서 [자세히] 단추(▼)를 클릭한 후 원하는 스타일을 선택해도 됩니다.

4 차트의 구성 요소 중에서 차트의 오른쪽 위에 있는 [차트 요소] 단추(⊞)를 클릭하고 [눈금선]의 [기본 주 세로]에 체크하여 차트에 세로 주 눈금선을 추가하세요.

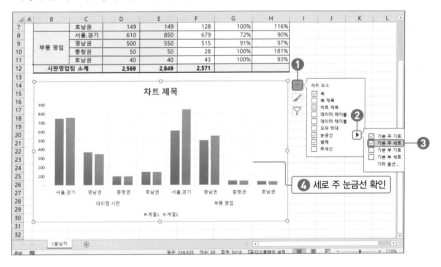

03 차트의 종류와 차트 데이터 편집하기

● **예제파일**: 판매계획및실적_차트편집.xlsx   ● **완성파일**: 판매계획및실적_차트편집_완성.xlsx

1 이미 작성한 차트를 다른 차트로 변경해 볼게요. [5월실적] 시트에서 차트를 선택하고 **[차트 디자인] 탭-[종류] 그룹**에서 **[차트 종류 변경]**을 클릭하세요.

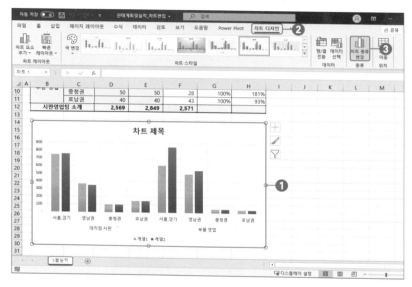

2 [차트 종류 변경] 대화상자가 열리면 [모든 차트] 탭에서 [가로 막대형]을 선택하고 오른쪽 창에서 [누적 가로 막대형]의 왼쪽 차트를 선택한 후 [확인]을 클릭하세요.

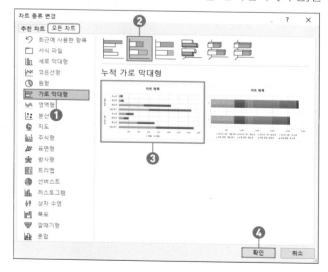

3 누적 가로 막대형 차트로 변경되었으면 '계열1', '계열2'로 표시된 계열 이름을 편집해 볼게요. 차트를 선택한 상태에서 **[차트 디자인]** 탭-**[데이터]** 그룹에서 **[데이터 선택]**을 클릭하세요.

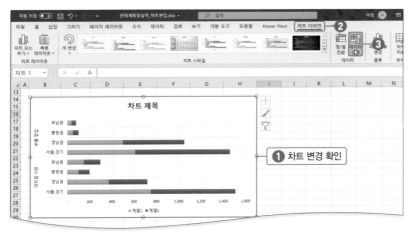

4 [데이터 원본 선택] 대화상자가 열리면 '범례 항목(계열)'에서 [계열1]을 선택하고 [편집]을 클릭합니다. [계열 편집] 대화상자가 열리면 '계열 이름'에 『판매실적』을 입력하고 [확인]을 클릭하세요.

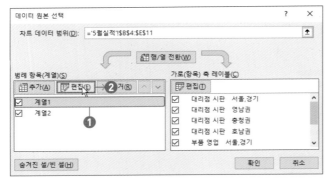
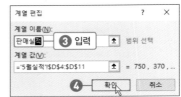

5 [데이터 원본 선택] 대화상자로 되돌아오면 **4** 과정과 같은 방법으로 [계열2]를 선택하고 [편집]을 클릭합니다. [계열 편집] 대화상자에서 '계열 이름'에 『사업계획』을 입력하고 [확인]을 클릭하세요.

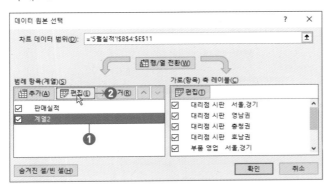

우선순위

문서작성

문서편집

서식지정

차트

함수

정렬필터

피벗테이블

파워쿼리

6 [데이터 원본 선택] 대화상자로 되돌아오면 '범례 항목(계열)'의 이름이 제대로 변경되었는지 살펴보고 [확인]을 클릭하세요.

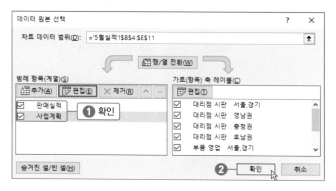

7 차트의 범례에서 계열 이름이 변경되었는지 확인하고 차트 제목에 『계획대비 판매실적』을 입력하여 차트 편집을 완성하세요.

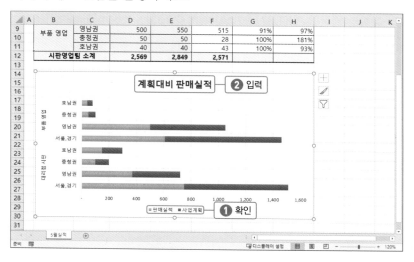

잠깐만요 > 차트에서 특정 요소 빠르게 편집하기

차트를 선택하면 차트의 오른쪽 위에 [차트 요소] 단추(⊞), [차트 스타일] 단추(✎), [차트 필터] 단추(▽)가 표시되는데, 이들 단추를 이용해 서식과 구성 요소를 추가하고 데이터 편집을 쉽게 할 수 있습니다. 차트에서 빼야 할 항목이 있으면 [차트 필터] 단추(▽)를 클릭하고 해당 항목의 체크를 해제한 후 [적용]을 클릭합니다.

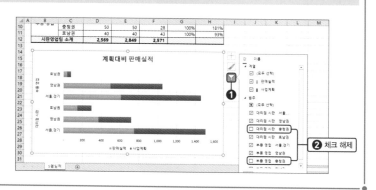

04 차트에 세부 서식 지정하기

● **예제파일**: 판매계획및실적_차트서식.xlsx ● **완성파일**: 판매계획및실적_차트서식_완성.xlsx

1 차트 스타일을 적용하여 작성한 차트라도 세부 서식까지 지정하면 좀 더 보기 좋은 차트로 만들 수 있어요. [5월실적] 시트에서 차트의 가로(값) 축을 선택하고 **[서식] 탭-[현재 선택 영역] 그룹**에서 **[선택 영역 서식]**을 클릭하세요.

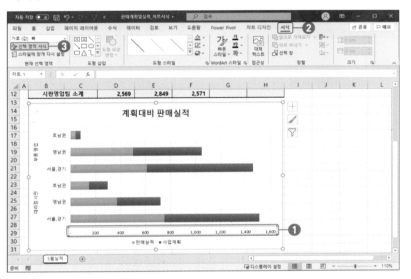

TIP

차트에서 가로(값) 축을 직접 선택하지 않고 **[서식] 탭-[현재 선택 영역] 그룹**에서 **[차트 요소]**의 목록 단추(▾)를 클릭한 후 **[가로 (값) 축]**을 선택해도 됩니다

2 화면의 오른쪽에 [축 서식] 작업 창이 열리면 [축 옵션] 단추(▮▮)를 클릭하고 '경계'의 '최대값' 은 [1800.0]으로, '단위'의 '기본'은 [300.0]으로 변경하세요.

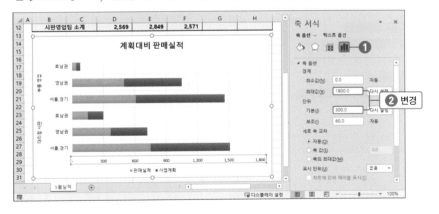

3 데이터 막대 중에서 하나의 계열인 '사업계획' 막대를 클릭하여 모두 선택합니다. [데이터 계열 서식] 작업 창에서 [계열 옵션] 단추(📊)를 클릭하고 '간격 너비'를 [60%]로 지정하면 각 항목 간의 간격이 좁아지면서 계열의 막대 너비가 넓어집니다.

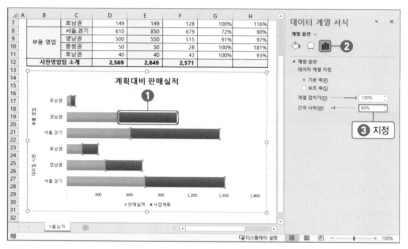

TIP

'사업계획' 막대를 하나만 클릭해도 모든 '사업계획' 막대를 한 번에 선택할 수 있습니다. 만약 하나의 '사업계획' 막대만 선택하고 싶으면 해당 막대만 천천히 두 번 클릭하세요. 그리고 데이터 막대를 선택하면 **2** 과정의 [축 서식] 작업 창이 [데이터 계열 서식] 작업 창으로 바뀝니다.

4 차트에서 그림 영역을 선택하고 [그림 영역 서식] 작업 창에서 [채우기 및 선] 단추(🔷)를 클릭한 후 '채우기'에서 [단색 채우기]를 선택하세요. '색'은 '테마 색'에서 [연한 노랑, 배경 2]를 선택하고 '투명도'는 [50%]로 지정하세요.

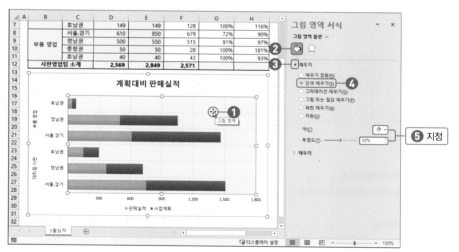

5 [페이지 레이아웃] 탭-[테마] 그룹에서 [색]을 클릭하고 'Office'에서 [보라 Ⅱ]를 선택합니다.

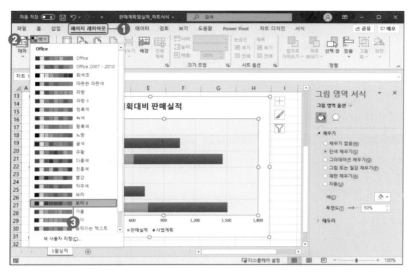

6 차트를 포함한 전체 워크시트의 색상에 적용된 셀 색의 선택한 '보라 Ⅱ' 테마 색으로 변경되었
는지 확인하세요.

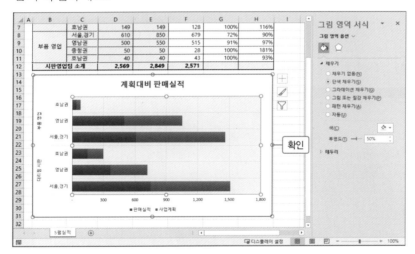

▶영상강의 ◀

문서시작

문서편집

서식지정

차트

함수

정렬과필터

피벗테이블

파워쿼리

EXCEL 05 원형 차트로 실적 비율 표현하기

● **예제파일**: 판매계획및실적_원형차트.xlsx ● **완성파일**: 판매계획및실적_원형차트_완성.xlsx

1 대리점 시판의 지역별 판매비율을 차트로 표시하기 위해 C4:D7 범위를 선택하고 **[삽입] 탭-[차트] 그룹**의 **원형 또는 도넛 차트 삽입**을 클릭한 후 **[원형]**을 선택하세요.

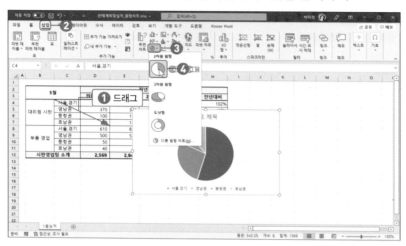

2 차트가 작성되면 드래그하여 위치를 이동하고 모서리 핸들을 이용해 크기를 조정하세요.

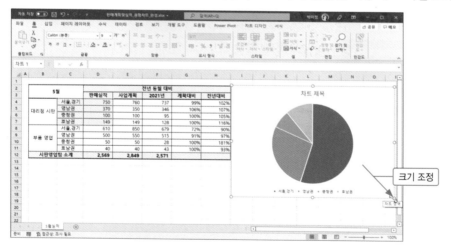

3 차트를 선택한 상태에서 [차트 디자인] 탭-[차트 스타일] 그룹의 [스타일8]을 선택하세요.

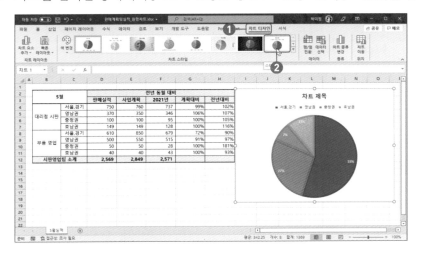

4 제목 틀 안에 커서를 두고 『5월 대리점 시판 판매실적』을 입력하세요.

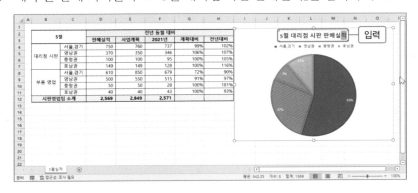

5 가장 실적이 좋았던 '서울,경기' 지역을 강조하기 위해 파이 조각을 선택하고 한 번 더 클릭한 후 바깥쪽으로 드래그하여 빼내세요.

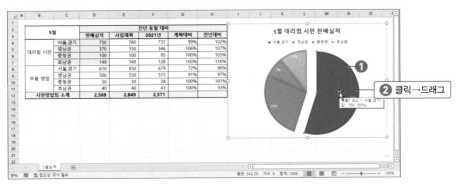

TIP

원형 차트의 파이 조각을 한 번만 클릭하여 드래그하면 전체 조각이 분리됩니다. 특정 조각만 따로 빼내고 싶다면 해당 조각을 한 번 더 클릭한 후 드래그하세요.

06 스파크라인 이용해 판매 추이 살펴보기

● **예제파일**: 영업1부문매출_스파크라인.xlsx   ● **완성파일**: 영업1부문매출_스파크라인._완성.xlsx

1 [Sheet1] 시트에서 스파크라인을 삽입할 I4:I7 범위를 선택하고 **[삽입] 탭−[스파크라인] 그룹**에서 **[꺾은선형]**을 클릭합니다. [스파크라인 만들기] 대화상자가 열리면 '원하는 데이터 선택'의 '데이터 범위'에 『C4:H7』을 입력하고 [확인]을 클릭하세요.

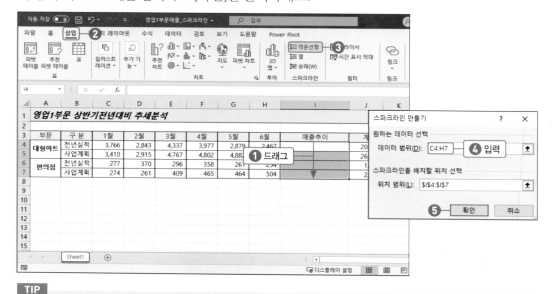

TIP
스파크라인은 배경처럼 삽입되는 작은 차트이기 때문에 텍스트나 값이 입력된 셀에도 삽입할 수 있습니다.

2 I4:I7 범위에 꺾은선형 스파크라인이 삽입되면 스파크라인의 디자인을 변경해 볼게요. **[스파크라인] 탭−[표시] 그룹**에서 **[높은 점]**에 체크하세요.

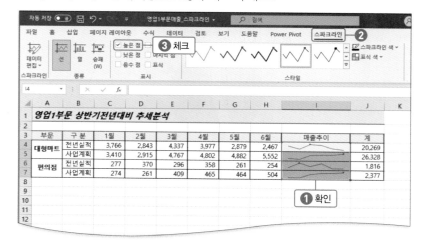

3 다시 [스파크라인] 탭-[스타일] 그룹에서 [자세히] 단추(▼)를 클릭하고 [진한 회색, 스파크라인 스타일 어둡게 #3]을 선택하세요.

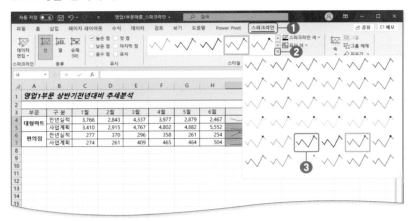

4 선택한 스타일로 꺾은선형 스파크라인이 변경되었으면 [스파크라인] 탭-[종류] 그룹에서 [열]을 클릭하세요.

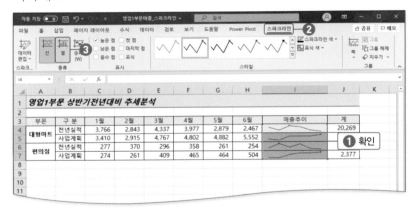

5 열 스파크라인으로 변경되었으면 [스파크라인] 탭-[그룹] 그룹에서 [그룹 해제]를 클릭하세요.

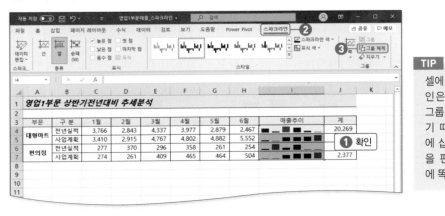

TIP

셀에 삽입된 스파트라인은 전체가 하나의 그룹으로 지정되어 있기 때문에 하나의 셀에 삽입된 스파크라인을 편집하면 전체 셀에 똑같이 적용됩니다.

6 I5셀을 선택하고 Ctrl을 누른 상태에서 I7셀을 선택한 후 [**스파크라인**] 탭–[**그룹**] 그룹에서 [**지우기**]를 클릭하세요.

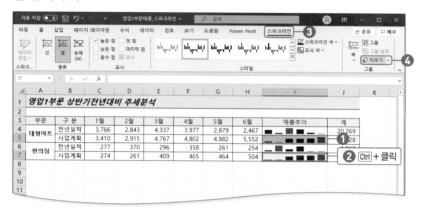

7 그룹이 해제되었기 때문에 '사업계획' 분야의 스파크라인만 삭제되었는지 확인하세요.

잠깐만요 > 스파크라인의 종류 살펴보기

스파크라인은 하나의 셀 안에 삽입하는 작은 차트로, 하나의 셀 안에 값의 추이를 표현할 수 있어요. 스파크라인에는 선 스파크라인과 열 스파크라인, 승패 스파크라인이 있습니다.

- **선 스파크라인**: 꺾은선형 차트처럼 데이터가 시간의 흐름에 따라 변화되는 추이를 비교할 때 편리합니다.
- **열 스파크라인**: 세로 막대형 차트처럼 데이터의 크기에 따라 열 크기가 다른 스파크라인으로, 데이터를 크기로 비교할 때 편리합니다.
- **승패 스파크라인**: 값이 단순히 양수와 음수로 나뉘는 데이터를 표시할 때 적당한 스파크라인으로, 이익이 났는지의 여부를 판단할 때 유용합니다.

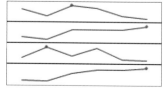
▲ 선 스파크라인

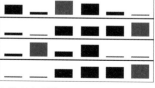
▲ 열 스파크라인

▲ 승패 스파크라인

EXCEL 07 서로 다른 차트를 하나로 표현하기 – 콤보 차트

● 예제파일: 영업1부문매출_콤보차트.xlsx ● 완성파일: 영업1부문매출_콤보차트._완성.xlsx

1 콤보 차트는 성격이 다른 데이터나 값 차이가 큰 데이터를 하나의 차트에 표현할 수 있어요. [Sheet1] 시트에서 차트에 포함할 A3:H7 범위를 선택하고 **[삽입] 탭−[차트] 그룹**에서 **[콤보 차트 삽입]**을 클릭한 후 **[사용자 지정 콤보 차트 만들기]**를 선택하세요.

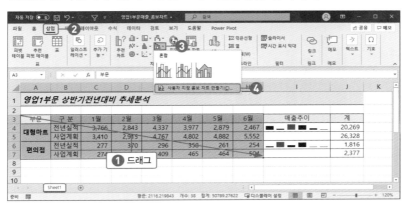

▶ 영상강의 ◀

2 [차트 삽입] 대화상자가 열리면 [모든 차트] 탭에서 [혼합]을 선택하세요. 대화상자의 오른쪽 아래에 있는 '편의점 전년실적' 계열과 '편의점 사업계획' 계열의 차트 종류를 '꺾은선형'의 [표식이 있는 누적 꺾은선형]으로 지정하고 [보조 축]에 체크한 후 [확인]을 클릭하세요.

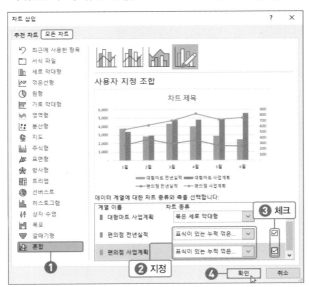

> **TIP**
>
> 콤보 차트는 서로 다른 종류의 차트를 사용해야 작성할 수 있어요. 값의 차이가 큰 경우에는 보조 축으로 표시하는 것이 좋습니다.

117

3 콤보 차트가 삽입되면 차트의 크기를 조정하고 표의 아래쪽으로 위치를 이동하세요. 차트 제목을 변경하고 표의 데이터와 연동시키기 위해 차트 제목을 선택한 후 수식 입력줄에 『=』를 입력합니다. A1셀을 선택하고 수식 입력줄에 '=Sheet1!$A$1'이 입력된 것을 확인한 후 Enter를 누르세요.

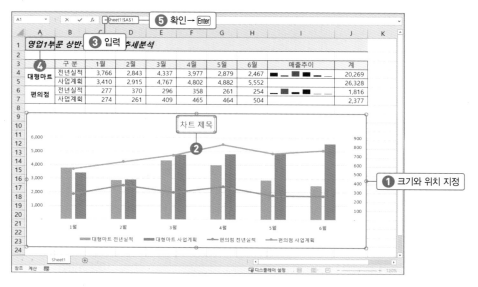

4 차트 제목이 A1셀 데이터로 자동 변경되었는지 확인하고 [차트 디자인] 탭-[차트 스타일] 그룹에서 [스타일 5]를 선택하여 차트를 완성하세요.

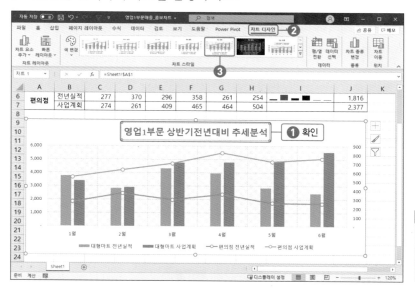

TIP

표식처럼 차트의 요소마다 서식을 따로 지정할 수 있어요.

EXCEL 08 데이터의 계층 구조 표현하기 - 선버스트 차트

● **예제파일**: 해외영업실적_선버스트.xlsx ● **완성파일**: 해외영업실적_선버스트._완성.xlsx

1 계층 구조로 된 데이터를 표현할 경우 트리맵과 선버스트 차트가 효과적입니다. [본부별실적] 시트에서 A1:C12 범위를 선택하고 [삽입] 탭-[차트] 그룹에서 [계층 구조 차트 삽입]을 클릭한 후 '선 버스트'에서 [선버스트]를 클릭하세요.

TIP

선버스트 차트는 하나의 원이 계층 구조의 각 수준을 나타내면서 가장 안쪽에 있는 원이 계층 구조의 가장 높은 수준을 나타내는 차트로, 계층 구조 데이터를 표시하는 데 적합해요.

2 선버스트 차트가 삽입되면 차트의 크기와 위치를 다음의 그림과 같이 조절하고 [차트 디자인] 탭-[차트 스타일] 그룹에서 [스타일 8]을 선택하세요.

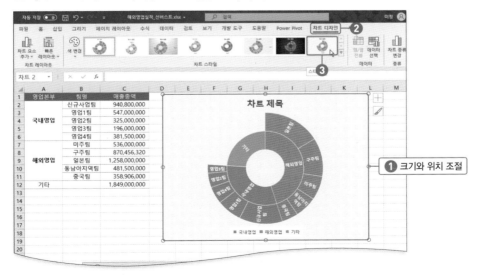

❶ 크기와 위치 조절

3 이번에는 차트의 색상 구조를 변경해 볼게요. **[차트 디자인] 탭-[차트 스타일]** 그룹에서 **[색 변경]**을 클릭하고 '색상형'에서 **[다양한 색상표 3]**을 선택하세요.

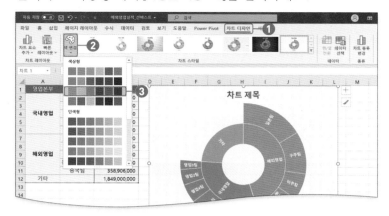

4 차트의 색이 변경되었으면 차트 제목에『부문별 매출 분포』를 입력하세요.

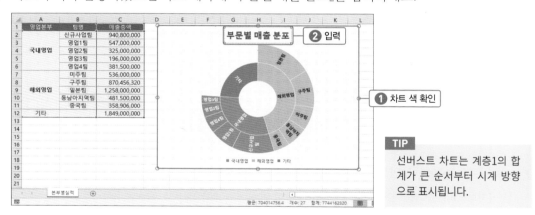

TIP

선버스트 차트는 계층1의 합계가 큰 순서부터 시계 방향으로 표시됩니다.

5 '기타' 부문인 C12셀의 값을 '2,849,000,000'으로 변경하고 차트의 분포가 달라졌는지 확인하세요.

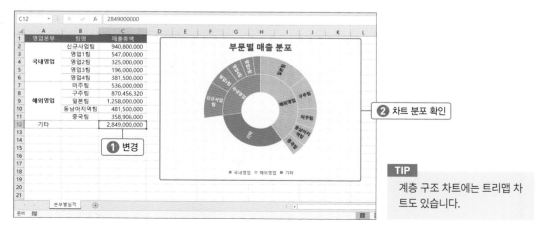

TIP

계층 구조 차트에는 트리맵 차트도 있습니다.

데이터와 손익계산서 분석하기

1 | 파레토 차트로 비용 지출이 가장 큰 항목 알아보기

● **예제파일**: 분석차트.xlsx　● **완성파일**: 분석차트_완성.xlsx

'분석차트' 파일의 데이터에는 내림차순으로 정렬된 열과 총 누적 백분율을 나타내는 선이 모두 포함되어 있습니다. 파레토 차트에서는 데이터 집합 중 가장 큰 요소가 강조 표시되어 몇 가지 중요한 항목만 집중해서 결과를 확인할 수 있어요. 이번에는 비용 지출이 가장 큰 항목이 무엇인지 파레토 차트로 알아보겠습니다.

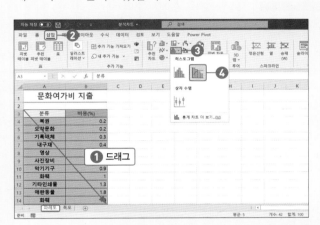

1 [파레토] 시트에서 A3:B23 범위를 선택하세요. **[삽입] 탭-[차트] 그룹**에서 **[통계 차트 삽입]**을 클릭하고 '히스토그램'에서 **[파레토]**를 선택하세요.

> **TIP**
>
> 이탈리아의 경제학자인 빌프레드 파레토(Vilfredo Federico Damaso Pareto)의 이름을 빌린 파레토 차트는 '현상이나 원인을 분류하여 크기의 순서에 따라 데이터를 막대형 그래프와 누적 꺾은선형 그래프 형태로 표시한 차트'입니다.

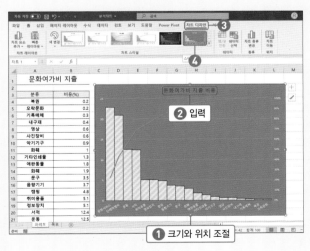

2 파레토 차트가 삽입되면 차트의 크기와 위치를 조절하고 차트 제목에 『문화여가비 지출 비용』을 입력한 후 원하는 차트 스타일로 변경하세요. 차트를 작성해 보면 '문화여가비' 중에서 '문화서비스', '단체여행비', 운동', '서적' 항목에 지출이 많다는 것을 알 수 있어요.

2 폭포 차트로 손익계산서 분석하기

● **예제파일**: 분석차트.xlsx ● **완성파일**: 분석차트_완성.xlsx

폭포 차트는 값을 더하거나 뺄 때의 누계를 나타내고 초기값(예 순수입)이 양의 값 및 음의 값에 의해 어떤 영향을 받았는지 이해하는 데 매우 유용합니다. 초기값 및 계산값 막대는 주로 가로 축에서 시작되지만, 다음 값은 중간부터 막대가 시작되는데, 이러한 모양 때문에 폭포 차트를 '다리형 차트'라고도 부릅니다. 폭포 차트는 주로 재무 데이터와 같이 입·출입에 관련된 데이터를 표시하는 데 적합해요.

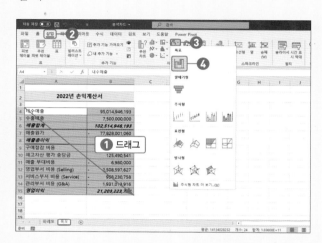

1 [폭포] 시트에서 손익계산서 범위인 A4:B15 범위를 선택하세요. [삽입] 탭-[차트] 그룹에서 **[폭포, 깔대기형, 주식형, 표면형 또는 방사형 차트 삽입]**을 클릭하고 [폭포]를 선택하세요.

2 폭포 차트가 삽입되면 차트의 크기와 위치를 조절하고 차트 제목을 『2022년 손익계산서』로 변경합니다.

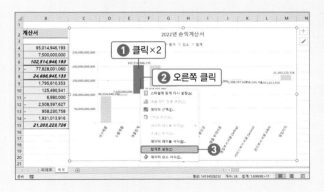

3 차트에 사용한 데이터에는 SUBTOTAL 함수로 계산된 '매출합계', '매출총이익'과 같은 '소계'가 포함되어 있습니다. '합계' 부분을 표시하기 위해 '매출합계' 막대만 두 번 클릭하여 선택하고 마우스 오른쪽 단추를 클릭한 후 [합계로 설정]을 선택하세요.

TIP

'매출합계' 막대를 한 번 클릭하면 모든 막대가 선택되므로 한 번 더 클릭하여 '매출합계' 막대만 선택하세요.

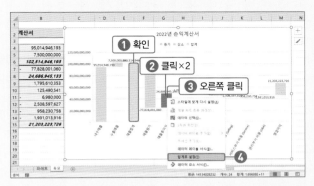

4 '매출합계' 항목의 합계가 설정되면서 막대의 모양이 변경되면 '매출 총이익' 막대에서도 마우스 오른쪽 단추를 클릭한 후 [합계로 설정]을 선택하세요.

5 '매출 총이익' 항목의 합계가 설정되면서 막대의 모양이 변경되면 '영업이익' 막대도 [합계로 설정]을 지정하여 차트를 완성합니다. 차트에서 이익과 비용에 대한 데이터가 분명하게 표시되었는지 확인하세요.

수식 계산과 실무 함수 다루기

엑셀은 기본적으로 수식을 계산하고 데이터를 분석하는 프로그램으로, 연산자나 함수를 이용해 원하는 값을 구할 수 있어요. 또한 엑셀에서 제공하는 함수를 활용하면 숫자 데이터뿐만 아니라 텍스트 데이터에서도 원하는 값을 추출하거나 데이터끼리 연결하여 새로운 값을 얻을 수도 있고, 기간을 계산하거나 특정 위치의 값 또는 정보를 구할 수도 있어요. 이번 장에서는 수식에 필요한 연산자와 참조 등을 정확히 이해하면서 기본 함수 및 실무 함수를 통해 데이터를 원하는 형태로 완벽하게 구하는 방법에 대해 배워봅니다.

EXCEL

01 수식과 자동 함수 익히기

워크시트에 입력할 수 있는 데이터에는 숫자 데이터, 문자 데이터, 날짜 데이터 또는 시간 데이터가 있습니다. 엑셀은 일반적인 워드프로세서와는 다르게 데이터를 '셀(cell)'이라는 제한된 공간(위치)에만 입력할 수 있어요. 그래서 엑셀에서 모든 계산의 기본은 '셀'이며, 셀을 참조하는 것이 곧 '수식'이 됩니다. 이번에는 셀 참조 유형부터 수식의 사용법, 자동 합계 함수까지 수식을 작성할 때 필요한 전반적인 내용에 대해 알아보겠습니다.

PREVIEW

	F	G	H	I
1				
2				
3			세율	0.1
4	공급가액	할인율	금액	부가세
5	12359100	0.05	=F5*(1-G5)	=H5*부가세
6	2400000	0.05	=F6*(1-G6)	=H6*부가세
7	143130	0.05	=F7*(1-G7)	=H7*부가세
8	6346650	0.05	=F8*(1-G8)	=H8*부가세
9	1387140	0.05	=F9*(1-G9)	=H9*부가세
10	2719260	0.05	=F10*(1-G10)	=H10*부가세
11	2914320	0.05	=F11*(1-G11)	=H11*부가세
12	2012070	0.05	=F12*(1-G12)	=H12*부가세
13	3248070	0.05	=F13*(1-G13)	=H13*부가세
14	514860	0.05	=F14*(1-G14)	=H14*부가세
15	6576060	0.05	=F15*(1-G15)	=H15*부가세
16	1590360	0.05	=F16*(1-G16)	=H16*부가세

▲ 연산자와 다양한 참조 방법,
　이름 사용해 수식 계산하기

G4 　 =MAX(C4:C25)

	A	B	C	D	E	F	G	H
1	거래처별 정산금액							
2								
3	거래처	품명	정산금액	세금		업체 수	11	
4	ALLPONT	PG정산수수료	5,408,405	540,840		최고금액	56,333,041	
5		수수료	40,200,083	4,020,008				
6	동일웹호스팅	PG정산수수료	14,079,068	1,407,907				
7		수수료	3,432,000	343,200				
8	디자인천국	PG정산수수료	18,128,551	1,812,855				
9		정산비용	3,448,090	344,809				
10	미림코아트	PG정산수수료	14,061,109	1,406,111				
11		정산비용	8,993,400	899,340				
12	미즈넷닷컴	PG정산수수료	56,333,041	5,633,304				
13		정산수수료	14,810,009	1,481,001				
14	수서호스팅	PG수수료	5,009,553	500,955				
15		PG정산수수료	19,435,531	1,943,553				
16	수진테크	신규가맹	2,280,000	228,000				

▲ 자동 합계 함수와 함수 라이브러리 사용하기

2013 | 2016 | 2019 | 2021 | Microsoft 365

우선순위

문서서식

문서편집

서식지정

차트

함수

정렬과필터

피벗테이블

파워쿼리

EXCEL 01 수식 작성과 셀 참조 유형 알아보기

1 | 수식 작성의 기본

수식을 작성하려면 반드시 등호(=)나 부호(+, −)로 시작해야 해요. 이렇게 시작한 수식에는 셀 주소가 포함되는데, 이것을 '셀을 참조한다'라고 합니다. 따라서 참조한 셀의 내용이 변경되면 수식의 결과값도 자동으로 변경되고 등호와 참조 주소, 그리고 연산자로 이루어진 수식의 결과값이 셀에 나타나요. 반면 수식은 수식 입력줄에 표시됩니다.

2 | 연산자의 종류

엑셀에서 사용하는 연산자는 크게 '산술 연산자', '비교 연산자', '연결 연산자'가 있고 범위를 표시하거나 계산 순서를 표시하는 '참조 연산자'의 기호가 있습니다.

연산자	기능	종류
산술 연산자	사칙연산자를 비롯하여 기본적인 엑셀의 수학 연산자가 포함	+, -, *, /, %, ^
비교 연산자	값을 서로 비교할 때 사용하는 연산자로, 참(true)과 거짓(false)으로 표시	=, >, <, >=, <=, <>, ><
연결 연산자	문자와 문자, 문자와 숫자, 문자와 수식 결과 등을 연결하는 연산자로, 결과값은 반드시 텍스트	&
참조 연산자	주로 계산에 사용하는 셀이나 범위를 지정할 때 사용	콤마(,), 콜론(:), 소괄호(())

3 | 셀 참조 유형

셀을 수식에 참조할 때 '상대 참조'와 '절대 참조', 그리고 이 두 방식을 혼합한 형태인 '혼합 참조' 유형이 있습니다. 데이터의 위치나 계산 방법에 따라 참조의 유형을 다양하게 사용할 수 있고, F4 를 눌러 참조 형식을 변경할 수 있어요.

참조 구분	기능	사용 예
상대 참조	선택한 셀을 기준으로 상대적인 위치 반영	A1, B1
절대 참조	행과 열에 $ 기호를 붙여서 표시하고 참조 위치가 변하지 않음	$A$1, $B$1
혼합 참조	상대 참조와 절대 참조의 혼합 참조로, 계산 수식 방향에 따라 셀 주소를 다르게 적용	$A1, A$1

4 | 다양한 유형의 참조 위치

다른 워크시트나 통합 문서의 셀을 참조할 경우 참조 형식이 다르게 표시됩니다.

위치	수식에서의 참조 방법	사용 예
현재 워크시트	=셀 주소	=A1
다른 워크시트	=워크시트명!셀 주소	=매출!A1
다른 통합 문서	=[전체 경로\통합 문서명]워크시트명!셀 주소	='D:\엑셀2019\[매출액비교.xlsx] 전년대비실적'!A1

잠깐만요 > 상대 참조 수식과 절대 참조 수식을 사용해야 하는 이유 살펴보기

[수식] 탭-[수식 분석] 그룹에서 [수식 표시]를 클릭하여 워크시트에 수식을 표시하면 금액과 부가세가 입력된 수식을 확인할 수 있어요. '금액' 항목의 경우에는 상대 참조로 입력된 수식으로 셀마다 참조가 달라지지만, '부가세' 항목에서는 I3셀이 고정되어 같은 참조로 입력되어 있습니다. 왜냐하면 $ 기호는 I열과 3행 앞에 붙어있어서 행과 열을 모두 고정시키기 때문이에요.

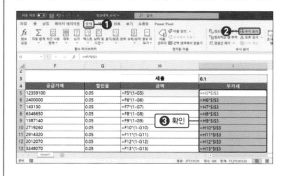

EXCEL 02 기본 연산자로 정산 내역 계산하기

● **예제파일**: 정산내역_수식.xlsx ● **완성파일**: 정산내역_수식_완성.xlsx

1 [Sheet1] 시트에서 할인된 금액으로 계산하기 위해 H5셀에 『=F5*(1 - G5)』를 입력하고 Enter 를 누르세요.

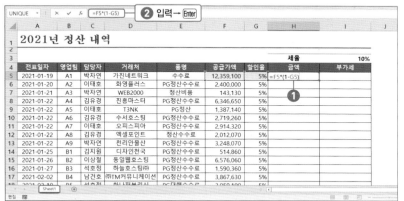

▶영상강의 ◀

TIP

H5셀에 함수식을 작성할 때 참조할 주소를 직접 입력하지 않고 마우스로 F5셀과 G5셀을 선택하면 함수식에 셀 주소가 자동으로 입력되어 편리합니다.

2 H5셀에 금액이 계산되면 다시 H5셀을 선택하고 H5셀의 자동 채우기 핸들(✚)을 더블클릭하여 H193셀까지 수식을 복사하세요.

TIP

H5셀의 자동 채우기 핸들을 H193셀까지 드래그해도 수식을 복사할 수 있어요.

3 '금액' 항목에 할인된 금액이 계산되면 부가세를 계산해 볼게요. I5셀에『=H5*』를 입력하고 이어서 I3셀을 선택한 후 F4 를 눌러 절대 참조 형식인 '$I$3'으로 변경하고 Enter 를 누르세요.

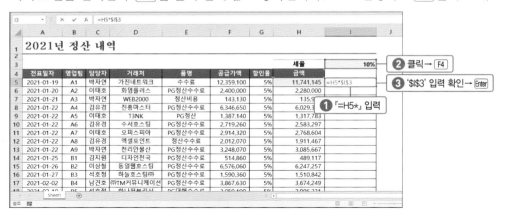

4 I5셀에 부가세를 계산했으면 다시 I5셀을 선택하고 I5셀의 자동 채우기 핸들을 더블클릭하여 I193셀까지 수식을 복사하세요.

EXCEL 03 이름 사용해 수식 계산하기

● **예제파일**: 정산내역_이름.xlsx ● **완성파일**: 정산내역_이름_완성.xlsx

1 고정적인 범위를 반복해서 수식에 사용할 때는 절대 참조를 사용하지 않고 이름을 지정하여 수식에 적용해도 됩니다. [Sheet1] 시트에서 I3셀을 선택하고 이름 상자에『세율』을 입력하세요.

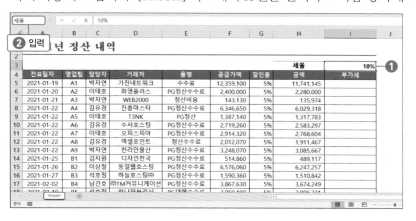

2 **1** 과정에서 작성한 이름은 통합 문서에서 마음대로 사용할 수 있어요. 부가세를 계산하기 위해 I5셀에『=H5*세율』을 입력하고 Enter를 누르세요.

> **TIP**
>
> 이름은 기본적으로 절대 참조로 작성되므로 '세율'은 절대 참조로 수식에 입력되는 것과 같습니다.

3 I5셀에 부가세가 계산되면 I5셀의 자동 채우기 핸들(➕)을 더블클릭하여 마지막 셀까지 수식을 복사하세요. 이름을 편집하기 위해 **[수식] 탭-[정의된 이름] 그룹**에서 **[이름 관리자]**를 클릭하세요.

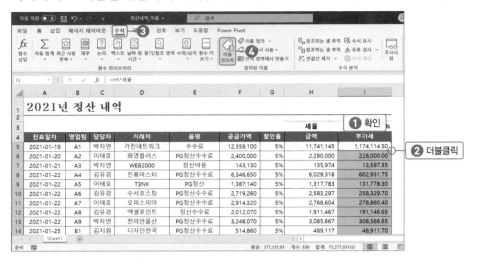

4 [이름 관리자] 대화상자가 열리면 [세율]을 선택하고 [편집]을 클릭합니다. [이름 편집] 대화상자가 열리면 '이름'에 『부가세』를 입력하고 [확인]을 클릭하세요.

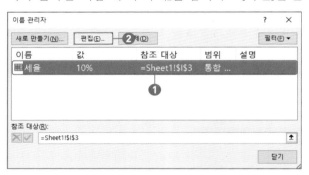

5 [이름 관리자] 대화상자로 되돌아오면 변경한 이름을 확인하고 [닫기]를 클릭하세요.

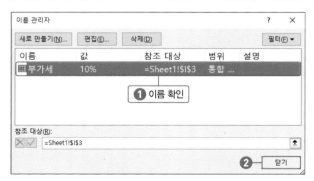

6 이름을 변경해도 수식 결과는 바뀌지 않아요. 이름이 잘 변경되었는지 확인하기 위해 I5셀을 더블클릭해서 수식을 표시한 후 살펴보면 수식에 '세율'이 아닌 '부가세'가 입력되어 있어요.

문서시작

문서편집

서식지정

차트

함수

정렬과필터

피벗테이블

파워쿼리

TIP

입력한 수식을 확인하려면 해당 셀을 더블클릭하여 셀에 수식을 나타내거나 셀을 선택하고 수식 입력줄에 입력된 수식을 살펴보세요.

잠깐만요 > 이름 작성 규칙과 이름 상자 살펴보기

1. 이름 작성 규칙 익히기
이름을 작성할 때는 다음과 같은 규칙을 지켜야 합니다.

대상	작성 규칙
유효 문자	• 이름의 첫 번째 문자는 문자, 밑줄(_) 또는 백슬래시(\)여야 합니다. • 이름의 나머지 문자는 문자, 숫자, 마침표 및 밑줄이 될 수 있습니다.
셀 참조 허용 안 함	이름이 'A1'이나 'R1C1'과 같이 셀 참조와 같으면 안 됩니다.
공백 사용 못 함	공백은 사용할 수 없으므로 단어 구분 기호로 '거래처_수량'과 같이 밑줄이나 마침표(.)를 사용합니다.
이름	• 이름에는 최대 255개 문자로 지정할 수 있습니다. • 통합 문서에 유일한 이름이어야 하고, 워크시트로 영역이 제한되면 시트마다 같은 이름을 부여할 수 있습니다.
영문자의 대소문자 구분 여부	이름에서는 영문자의 대문자와 소문자가 구별되지 않으므로 영문자의 대문자와 소문자를 포함해서 지정할 수 있습니다.

2. 이름 상자 살펴보기
이름 상자에는 다른 스타일의 이름도 포함되어 있어요. 이름 상자에서는 표를 관리할 수도 있고, 워크시트에서만 사용되는 이름과 통합 문서 전체에 사용되는 이름으로 구별해서 사용할 수도 있어요. 이름은 셀이나 범위를 선택한 후 이름 상자에 직접 입력하거나, [수식] 탭-[정의된 이름] 그룹에서 [이름 정의]를 클릭하여 [이름 관리자] 대화상자를 열고 작성하면 됩니다. 하지만 이름을 삭제하려면 반드시 [이름 관리자] 대화상자에서 삭제하려는 이름을 선택하고 [삭제]를 클릭해야 해요.

[이름 관리자] 대화상자에서는 이름 정의, 편집, 삭제와 필터 기능을 사용할 수도 있고, 셀 또는 범위 외에 수식을 이름으로 정의할 수도 있는데, [필터]를 클릭하면 다양한 스타일에 대한 이름을 선택하여 편집할 수 있어요. 이때 잘못된 이름은 필터로 추출하여 한 번에 삭제하는 것이 편리합니다.

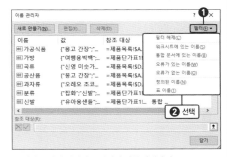

▲ 필터 클릭해 다양한 스타일의 이름 편집하기

04 **자동 합계 함수로 계산하기**

● **예제파일**: 거래처별요약_자동합계.xlsx　　● **완성파일**: 거래처별요약_자동합계_완성.xlsx

1 [Sheet1] 시트에서 '정산금액' 합계를 구하기 위해 C26셀을 선택하고 **[홈] 탭-[편집] 그룹**에서 **[자동 합계]**를 클릭하세요.

▶영상강의◀

2 C26셀과 인접한 셀 범위인 C4:C25 범위가 자동으로 선택되면 Enter를 눌러 합계를 계산하세요.

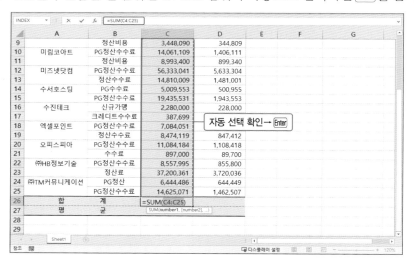

TIP

[홈] 탭-[편집] 그룹에서 [자동 합계]를 클릭하면 선택한 셀로부터 인접한 숫자 범위가 모두 선택됩니다. 따라서 C26셀의 경우에는 바로 인접한 C4:C25 범위가 자동으로 선택됩니다.

3 C26셀에 합계가 계산되면 평균을 구하기 위해 C27셀을 선택하세요. **[홈] 탭-[편집] 그룹**에서 **[자동 합계(⌄)]**의 목록 단추(⌄)를 클릭하고 **[평균]**을 선택하세요.

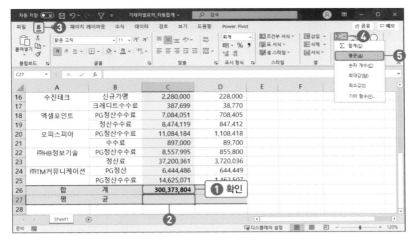

4 C27셀에 AVERAGE 함수가 입력되면서 인접한 숫자 범위가 자동으로 인식됩니다. 이때 '합계' 셀인 C26셀까지 선택되므로 C4:C25 범위를 다시 선택하고 Enter를 누르세요.

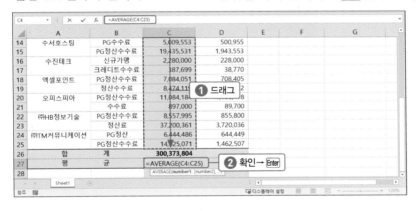

5 C27셀에 평균을 구했습니다. '세금' 항목도 수식이 같으므로 C26:C27 범위를 선택하고 C27셀의 자동 채우기 핸들(╋)을 D27셀까지 드래그하여 함수식을 복사하세요.

함수 라이브러리로 업체 수와 최고 금액 구하기

● **예제파일**: 거래처별요약_함수.xlsx ● **완성파일**: 거래처별요약_함수_완성.xlsx

1 [Sheet1] 시트에서 G3셀을 선택하고 [수식] 탭-[함수 라이브러리] 그룹에서 [함수 더 보기]를 클릭한 후 [통계]-[COUNTA]를 선택하세요.

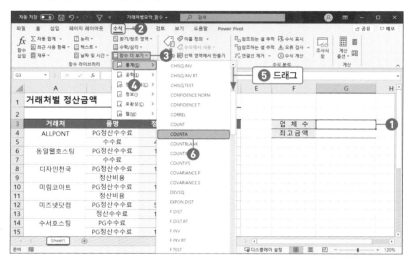

2 COUNTA 함수의 [함수 인수] 대화상자가 열리면 'Value1'에 『A4:A25』를 입력하고 [확인]을 클릭하세요.

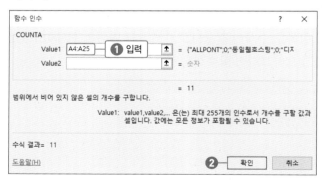

3 이번에는 최고 금액을 계산하기 위해 G4셀을 선택하고 『=MA』를 입력하세요. 'MA'로 시작하는 모든 함수가 목록으로 나타나면 목록에서 [MAX]를 더블클릭하거나 [MAX]를 선택하고 Tab 을 누르세요.

4 G4셀에 『=MAX(』가 입력되면 이어서 『C4:C25)』를 추가 입력하고 Enter 를 누르세요. 이때 G4셀에 함수식 『=MAX(C4:C25)』를 곧바로 입력해도 됩니다.

5 함수 라이브러리에서 제공하는 함수를 이용해서 G3셀에는 업체 수가, G4셀에는 최고 금액이 계산되었는지 확인하세요.

SECTION 02 기본 함수 익히기

연산자를 사용하는 것보다 엑셀에서 제공하는 함수를 사용하면 좀 더 쉽게 정확한 결과를 얻을 수 있어요. 함수는 미리 작성된 수식 프로그램으로, 함수에서 요구하는 인수만 정확히 입력하면 아무리 복잡한 연산이라도 원하는 결과를 빠르게 계산할 수 있습니다. 엑셀에서는 데이터에 따라 적용할 수 있는 많은 함수를 제공합니다. 특히 수학/삼각 함수, 통계 함수, 텍스트 함수, 논리 함수, 정보 함수는 워크시트 계산에 꼭 필요한 기본 함수이기 때문에 정확하게 이해하고 사용하세요.

PREVIEW

▲ 논리, 통계 함수로 교육 평가하기

▲ 텍스트, 날짜 함수로 고객 민원 처리 현황 완성하기

EXCEL 01 판매 합계와 평균 구하기 – SUBTOTAL 함수

● **예제파일**: 10월매출_요약(SUBTOTAL).xlsx　● **완성파일**: 10월매출_요약(SUBTOTAL)_완성.xlsx

1 매출에 대한 합계를 SUM 함수가 아닌 그룹별 소계를 구하는 SUBTOTAL 함수로 구해볼게요. [A매출] 시트에서 F73셀을 선택하고 『=SUBT』를 입력하면 함수 목록에 [SUBTOTAL]이 표시 됩니다. 이 함수를 더블클릭하거나 Tab 을 눌러 선택하세요.

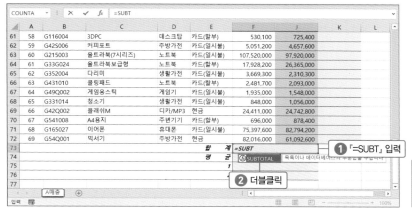

① 『=SUBT』 입력

▶영상강의◀

② 더블클릭

2 SUBTOTAL 함수의 첫 번째 인수는 소계를 구할 함수를 선택하는 것입니다. 여기서는 합계를 구해야 하므로 『9』를 입력하거나 더블클릭하여 선택하세요.

더블클릭

> **TIP**
>
> SUBTOTAL 함수는 함수 번호로 1~11까지 지정할 수 있습니다. 이 중 합계(SUM)는 9, 평균(AVERAGE)은 1, 개수 (COUNT)는 2로 지정하세요.

3 '9'가 입력되면 두 번째 인수를 입력하기 위해『,』를 입력합니다. 이어서 합계를 구할 매출 범위 인『J4:J72』와『)』를 차례대로 입력하여 함수식 =SUBTOTAL(9,J4:J72)를 완성하고 Enter를 누르 세요.

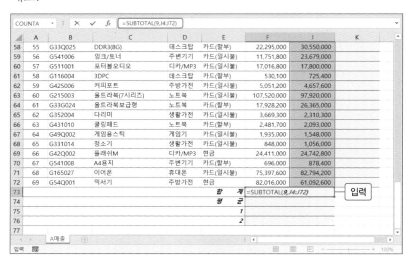

4 F73셀에 합계가 계산되면 함수 마법사를 이용해서 평균을 구해볼게요. J74셀을 선택하고 [수 식] 탭-[함수 라이브러리] 그룹에서 [수학/삼각]을 클릭한 후 [SUBTOTAL]을 선택합니다.

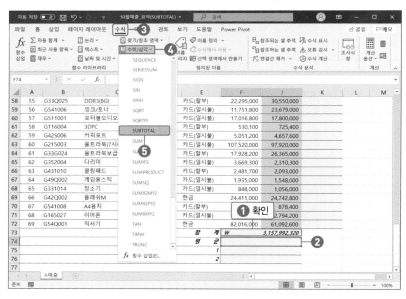

5 SUBTOTAL 함수의 [함수 인수] 대화상자가 열리면 'Function_num'에는 평균인 『1』을, 'Ref1'에는 '금액'의 전체 범위인 『J4:J72』를 입력하고 [확인]을 클릭하세요.

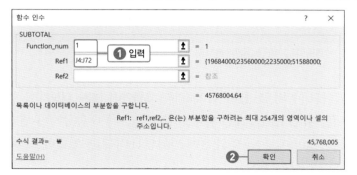

6 J74셀에 계산된 평균 값을 확인하세요.

	A	B	C	D	E	F	J	K	L
56	53	G49Q008	메모리(32G)	디카/MP3	카드(할부)	2,894,400	3,283,200		
57	54	G421001	노트북받침대	노트북	카드(일시불)	10,146,000	9,804,000		
58	55	G33Q025	DDR3(8G)	데스크탑	카드(할부)	22,295,000	30,550,000		
59	56	G541006	잉크/토너	주변기기	카드(일시불)	11,751,800	23,679,000		
60	57	G511001	포터블오디오	디카/MP3	카드(일시불)	17,016,800	17,800,000		
61	58	G116004	3DPC	테스크탑	카드(할부)	530,100	725,400		
62	59	G42S006	커피포트	주방가전	카드(할부)	5,051,200	4,657,600		
63	60	G215003	울트라북(7시리즈)	노트북	카드(일시불)	107,520,000	97,920,000		
64	61	G33Q024	울트라북보급형	노트북	카드(일시불)	17,928,200	26,365,000		
65	62	G352004	다리미	생활가전	카드(일시불)	3,669,300	2,310,300		
66	63	G431010	쿨링패드	노트북	카드(할부)	2,481,700	2,093,000		
67	64	G49Q002	게임용스틱	게임기	카드(일시불)	1,935,000	1,548,000		
68	65	G331014	청소기	생활가전	카드(일시불)	848,000	1,056,000		
69	66	G42Q002	플래쉬M	디카/MP3	현금	24,411,000	24,742,800		
70	67	G541008	A4용지	주변기기	카드(할부)	696,000	878,400		
71	68	G165027	이어폰	휴대폰	카드(일시불)	75,397,600	82,794,200		
72	69	G54Q001	믹서기	주방가전	현금	82,016,000	81,092,600		
73					합 계	₩	3,157,992,320		
74					평 균	₩	45,768,005		
75									

F74 = =SUBTOTAL(1,J4:J72)

확인

잠깐만요 > SUM 함수와 SUBTOTAL 함수의 차이점 살펴보기

'금액' 필드의 경우 SUM 함수는 금액 전체의 합계를 나타내지만, SUBTOTAL 함수는 필터링된 금액의 합계를 표시합니다. '분류' 필드에서 필터 단추(▼)를 클릭하고 [데스크탑]과 [휴대폰], [(필드 값 없음)]에 체크하면 SUBTOTAL 함수로 계산된 금액의 합계는 필터 전의 '3,157,992,320'에서 '1,061,494,500'으로 달라집니다.

3	번호	상품코드	상품명	분류	결재	전월실적	금액	매출순위
10	7	G162009	게임용PC	데스크탑	현금	37,788,000	49,632,000	
11	8	G165014	브랜드PC	데스크탑	카드(일시불)	52,440,000	39,330,000	
13	10	G42Q005	스마트폰I	휴대폰	카드(할부)	97,000,000	104,760,000	
15	12	G33Q017	스마트폰G	휴대폰	현금	35,700,000	48,960,000	
24	21	G16Q001	스마트패드	휴대폰	카드(일시불)	20,162,000	82,249,100	
26	23	G352003	스마트폰V	휴대폰	카드(일시불)	136,170,000	112,140,000	
31	28	G421010	조립PC	데스크탑	카드(일시불)	116,620,000	137,088,000	
35	32	G541005	리퍼PC	데스크탑	카드(할부)	129,320,000	141,616,000	
39	36	G541007	일체형PC	데스크탑	카드(일시불)	52,318,500	59,026,000	
40	37	G12Q002	스마트폰케이스	휴대폰	카드(할부)	15,504,000	15,240,000	
42	39	G372009	노트패드	휴대폰	카드(일시불)	40,324,000	55,742,000	
48	45	G352002	스마트패드악세서리	휴대폰	카드(일시불)	4,992,000	5,959,200	
53	50	G165016	스마트패드(mini)	휴대폰	카드(할부)	84,825,000	95,682,600	
55	55	G33Q025	DDR3(8G)	데스크탑	카드(할부)	22,295,000	30,550,000	
61	58	G116004	3DPC	데스크탑	카드(할부)	530,100	725,400	
71	68	G165027	이어폰	휴대폰	카드(일시불)	75,397,600	82,794,200	
73					합 계	₩	1,061,494,500	❸ 확인
74					평 균	₩	66,343,406	

문서시작
문서편집
서식지정
차트
함수
정렬과필터
피벗테이블
피벗쿼리

금액에 대한 매출순위 구하기
– RANK.EQ 함수

EXCEL 02

● **예제파일**: 10월매출_요약(RANK.EQ).xlsx ● **완성파일**: 10월매출_요약(RANK.EQ)_완성.xlsx

1 [A매출] 시트에서 K4셀을 선택하고 [수식] 탭–[함수 라이브러리] 그룹에서 [함수 더보기]를 클릭한 후 [통계]–[RANK.EQ]를 선택합니다. RANK.EQ 함수의 [함수 인수] 대화상자가 열리면 'Number'에는 판매금액인 『J4』를, 'Ref'에는 '금액'의 전체 범위인 『J4:J72』를 입력하고 F4 를 눌러 절대 참조로 변경한 후 [확인]을 클릭하세요.

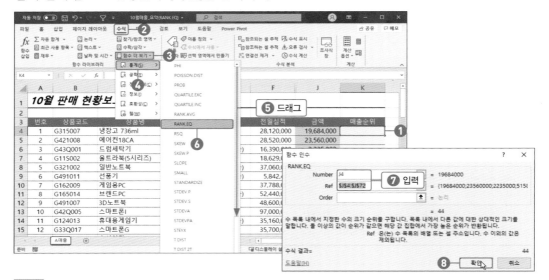

TIP

RANK.EQ 함수의 마지막 인수인 'Order'는 생략 가능합니다. 생략하거나 『0』을 입력하면 오름차순으로, 0이 아닌 값을 입력하면 내림차순으로 순위를 계산합니다.

2 K4셀에 매출순위가 계산되면 K4셀의 자동 채우기 핸들(➕)을 K72셀까지 드래그하여 함수식을 복사하세요.

EXCEL 03 영업사원에게 지급할 매출 수수료 구하기 – ROUND 함수

◉ **예제파일**: 매출_수수료(ROUND).xlsx　　◉ **완성파일**: 매출_수수료(ROUND)_완성.xlsx

1 영업사원에게 지급할 매출 수수료를 2%로 계산해 볼게요. [보고서] 시트에서 H4셀을 선택하고 [수식] 탭−[함수 라이브러리] 그룹에서 [수학/삼각]을 클릭한 후 [ROUND]를 선택하세요.

2 ROUND 함수의 [함수 인수] 대화상자가 열리면 'Number'에는 매출의 2%인 값인 『F4*0.02』를, 'Num_digits'에는 100의 자리까지 표시하기 위해『 − 2』를 입력하고 [확인]을 클릭하세요.

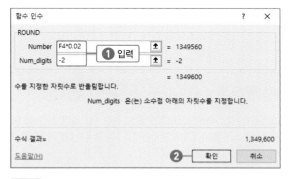

> **TIP**
>
> 'Number'와 'Num_digits'에 자릿수를 지정하는 방법에 대해서는 144쪽의 '잠깐만요'를 참고하세요.

3 H4셀에 수수료가 계산되면 H4셀의 자동 채우기 핸들(**+**)을 더블클릭하여 나머지 셀에 함수식을 복사하세요.

잠깐만요 > 기타 반올림, 올림, 버림 함수와 Num_digits 이해하기

ROUND 함수와 함께 동일한 인수를 사용하는 함수는 ROUND(반올림) 함수 외에 ROUNDUP(올림) 함수, ROUNDDOWN(내림) 함수, TRUNC(버림) 함수가 있습니다. Num_digits 인수에서 양수 값은 소수점 아래 위치를 의미하고 1의 자리는 0을 기준으로 왼쪽으로 1씩 감소하는 값으로 지정합니다.

Num_digits의 자릿수

Number \ Num_digits	1	0	-1	-2
123456.463	123456.5	123456	123460	123500

EXCEL 04 순위별 매출 항목 지정하고 매출 Top3 구하기 – LARGE 함수

◉ **예제파일**: 매출_수수료(LARGE).xlsx ◉ **완성파일**: 매출_수수료(LARGE)_완성.xlsx

1 매출 순위를 나타내는 셀에 표시 형식을 지정해 볼게요. [보고서] 시트에서 J5:J7 범위를 선택하고 **[홈] 탭–[표시 형식] 그룹**에서 **[표시 형식]** 대화상자 표시 아이콘(⧉)을 클릭하세요.

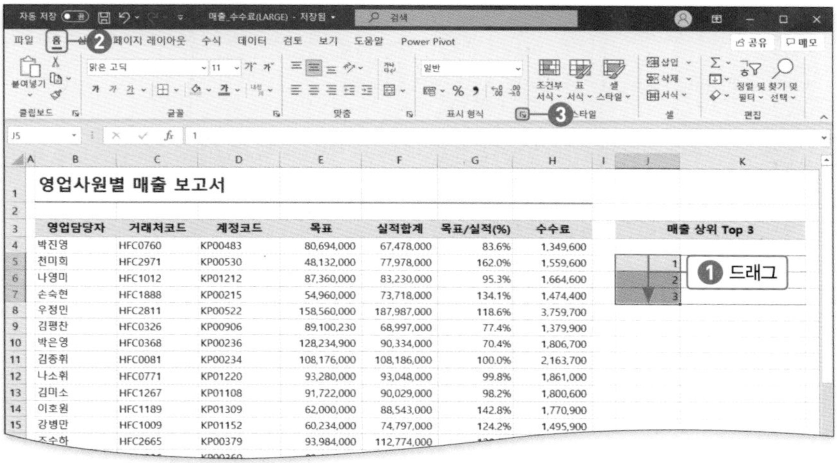

TIP

Ctrl+1을 눌러 [셀 서식] 대화상자를 열고 [표시 형식] 탭을 선택해도 됩니다.

2 [셀 서식] 대화상자의 [표시 형식] 탭이 열리면 '범주'에서 [사용자 지정]을 선택하세요. '형식'에서 [G/표준]을 선택하고 'G/표준' 뒤에 『"위 매출"』을 입력한 후 [확인]을 클릭하세요.

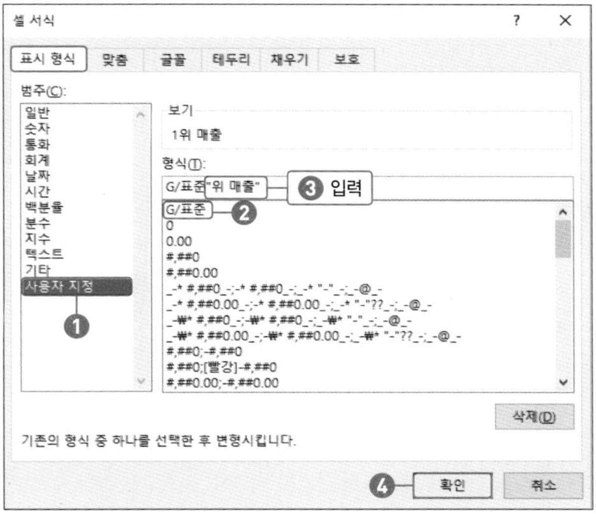

TIP

'1위 매출'을 문자로 직접 입력하면 LARGE 함수에서 'K' 값의 인수로 사용할 수 없기 때문에 숫자를 사용해서 '1위 매출'로 표시했어요.

3 J5:J7 범위에 순위별 매출 항목을 지정했으면 K5셀에 순위별 매출을 계산해 볼게요. K5셀을 선택하고 [수식] 탭-[함수 라이브러리] 그룹에서 [함수 더 보기]를 클릭한 후 [통계]-[LARGE]를 선택하세요.

4 LARGE 함수의 [함수 인수] 대화상자가 열리면 'Array'에 커서를 올려놓고 '실적 합계' 항목인 F4:F36 범위를 선택한 후 F4 를 눌러 절대 참조를 변경하세요. 'K'에 커서를 올려놓고 순위인 J5셀을 선택하거나 직접 『J5』를 입력한 후 [확인]을 클릭하세요.

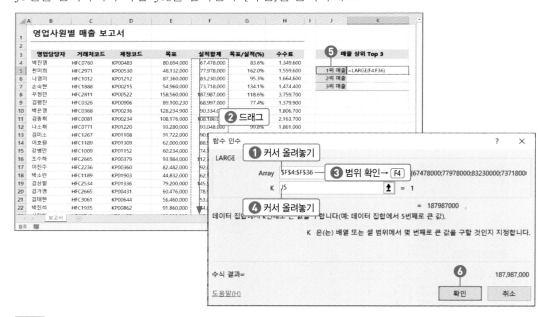

TIP
'K' 값에 해당하는 J5셀에는 문자가 아닌 숫자 '1'이 입력되어 있어요.

5 K5셀에 1위 매출이 계산되면 나머지 순위의 매출도 계산하기 위해 K5셀의 자동 채우기 핸들 (✚)을 더블클릭합니다. 이 경우 테두리의 서식이 달라지므로 [자동 채우기 옵션] 단추(▤)를 클릭하고 [서식 없이 채우기]를 선택하세요.

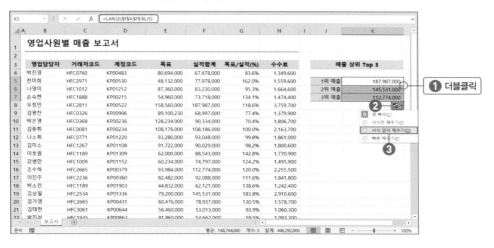

6 K5셀의 테두리 서식은 제외하고 나머지 셀에 순위 매출이 계산되었는지 확인하세요.

문서시작

문서편집

서식지정

차트

정렬과필터

학수

피벗테이블

파워쿼리

평가 참여 횟수 계산하고 과락 확인하기
– COUNT, OR 함수

● **예제파일**: 교육및평가(COUNT,OR).xlsx ● **완성파일**: 교육및평가(COUNT,OR)_완성.xlsx

1 [Sheet1] 시트에서 I4셀을 선택하고 함수식 『=COUNT(D4:F4)』를 입력한 후 Enter 를 누르세요.

2 I4셀에 임석민의 평가 횟수를 구했으면 과락 여부를 알아볼게요. J4셀을 선택하고 [수식] 탭-[함수 라이브러리] 그룹에서 [논리]를 클릭한 후 [OR]을 선택하세요.

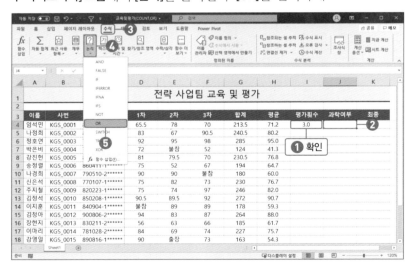

3 각 차수의 점수가 60 미만인 경우나 점수가 없는 경우(불참, 출장)에 과락을 지정해 볼게요. OR 함수의 [함수 인수] 대화상자가 열리면 'Logical1'에는 『D4<60』을, 'Logical2'에는 『E4<60』을, 'Logical3'에는 『F4<60』을, 'Logical4'에는 『I4<3』을 입력하고 [확인]을 클릭하세요.

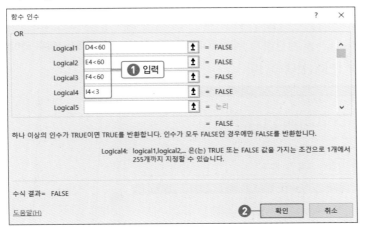

4 J4셀에 임석민의 과락 여부가 계산되면 I4:J4 범위를 선택하고 J4셀의 자동 채우기 핸들(✚)을 더블클릭하여 나머지 셀에 함수식을 복사하세요.

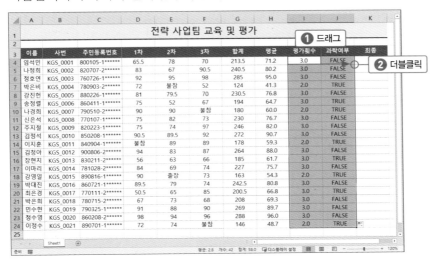

EXCEL 06 최종 평가 결과 계산하기 – IF 함수

● 예제파일: 교육및평가(IF).xlsx   ● 완성파일: 교육및평가(IF)_완성.xlsx

1 [Sheet1] 시트에서 최종 평가 결과를 계산하기 위해 K4셀을 선택하고 [수식] 탭-[함수 라이브러리] 그룹에서 [논리]를 클릭한 후 [IF]를 선택합니다.

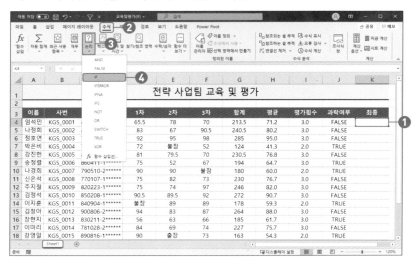

2 IF 함수의 [함수 인수] 대화상자가 열리면 먼저 평균이 70이 넘고 과락이 아닌 경우에는 AND 함수로 계산하기 위해 'Logical_test'에 『AND(H4>70,J4=FALSE)』를 입력합니다.

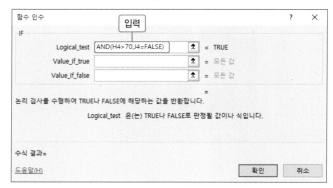

3 'Value_if_true'에는 『"합격"』을, 'Value_if_false'에는 빈 값을 입력하기 위해 『" "』를 입력하고 [확인]을 클릭합니다.

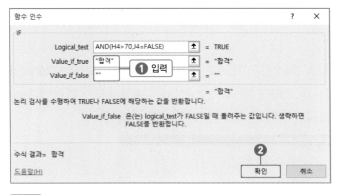

4 K4셀에 임석민의 최종 결과가 계산되면 J4셀의 자동 채우기 핸들(➕)을 더블클릭하여 나머지 셀에 함수식을 복사하세요.

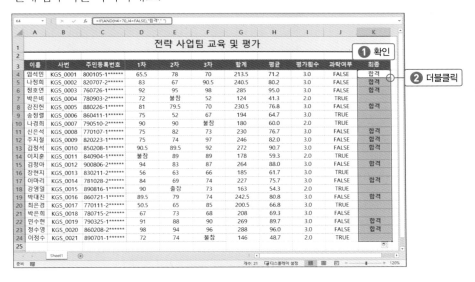

EXCEL 07 반품/교환 문자 추출하기 - LEFT 함수

● **예제파일**: 고객민원(LEFT).xlsx ● **완성파일**: 고객민원(LEFT)_완성.xlsx

1 [Sheet1] 시트에서 '처리유형' 항목의 B4셀을 선택하고 **[수식] 탭-[함수 라이브러리] 그룹**에서 **[텍스트]**를 클릭한 후 **[LEFT]**를 선택합니다. LEFT 함수의 [함수 인수] 대화상자가 열리면 'Text'에는 처리 코드인『A4』를, 'Num_chars'에는『2』를 입력하고 [확인]을 클릭하세요.

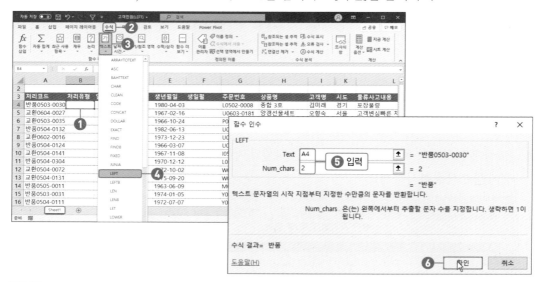

> **TIP**
>
> LEFT 함수는 문자열에서 왼쪽부터 지정한 개수만큼 문자를 추출하는 함수로, '처리코드' 항목에서 왼쪽에 있는 두 글자를 '처리유형' 항목에 표시합니다.

2 B4셀에 처리 유형이 표시되면 B4셀의 자동 채우기 핸들(➕)을 더블클릭하여 나머지 셀에 함수식을 복사하세요.

152

EXCEL 08 처리일자와 생일 월 구하기 – DATE, MONTH 함수

◉ **예제파일**: 고객민원(DATE,MONTH).xlsx ◉ **완성파일**: 고객민원(DATE,MONTH)_완성.xlsx

1 [Sheet1] 시트에서 처리일자를 작성하기 위해 D4셀을 선택하고 [수식] 탭-[함수 라이브러리] 그룹에서 [날짜 및 시간]을 클릭한 후 [DATE]를 선택하세요.

2 DATE 함수의 [함수 인수] 대화상자가 열리면 'Year'에는 『2022』를, 'Month'에는 『10』을, 'Day'에는 일에 해당하는 『C4』를 입력하고 [확인]을 클릭하세요.

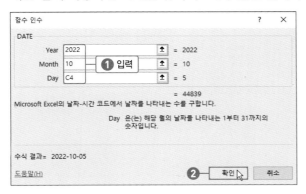

> **TIP**
>
> 현재 문서에는 10월의 고객 민원 처리 현황으로 일자만 표시되어 있지만, DATE 함수를 사용하여 연월일이 모두 표시된 날짜 데이터를 완성해 보겠습니다

3 D4셀에 처리일자를 구했으면 D4셀의 자동 채우기 핸들(✚)을 더블클릭하여 나머지 셀에 함수식을 복사하세요. 이번에는 G4셀에 『=MONTH(F4)&"월"』을 입력하고 Enter를 누릅니다.

4 G4셀에 생년월일에서 생일 월을 구했으면 G4셀의 자동 채우기 핸들을 더블클릭하여 나머지 셀에 함수식을 복사하세요.

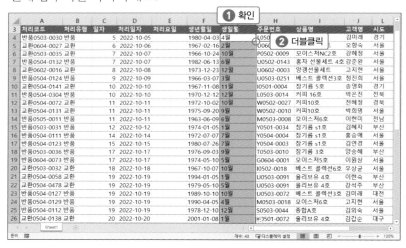

EXCEL 09 처리 날짜의 요일 구하기 - TEXT 함수

● **예제파일**: 고객민원(TEXT).xlsx　　● **완성파일**: 고객민원(TEXT)_완성.xlsx

1 [Sheet1] 시트에서 E4셀을 선택하고 [수식] 탭 -[함수 라이브러리] 그룹에서 [텍스트]를 클릭한 후 [TEXT]를 선택합니다. TEXT 함수의 [함수 인수] 대화상자가 열리면 'Value'에는 처리 날짜인 『D4』를, 'Format_text'에는 한글로 처리 요일을 표시하는 서식 코드인 『"aaa"』를 입력하고 [확인]을 클릭하세요.

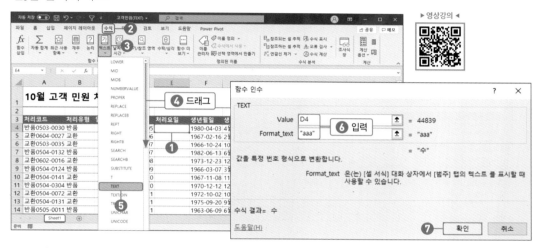

▶영상강의◀

TIP

TEXT 함수는 숫자 데이터를 문자로 바꾸는 함수로, 날짜에서 요일 형식의 숫자 데이터를 문자로 바꿔줍니다. 이와 반대로 문자를 숫자로 변경하는 함수는 VALUE 함수입니다. 한글로 요일을 표시하는 서식에 대해서는 84쪽을 참고하세요.

2 E4셀에 처리 요일이 표시되면 E4셀의 자동 채우기 핸들(╋)을 더블클릭하여 나머지 셀에 함수식을 복사하세요.

2013 | 2016 | 2019 | 2021 | Microsoft 365

SUMIF와 COUNTIF로 반품 건수와 금액 알아보기

● **예제파일**: 고객민원(COUNTIF, SUMIF).xlsx ● **완성파일**: 고객민원(COUNTIF, SUMIF)_완성.xlsx

1 민원 처리 중 '반품'에 대한 건수를 알아볼게요. B3셀을 선택하고 [수식] 탭-[함수 라이브러리] 그룹에서 [함수 더보기]-[통계]를 클릭한 후 [COUNTIF]를 선택하세요.

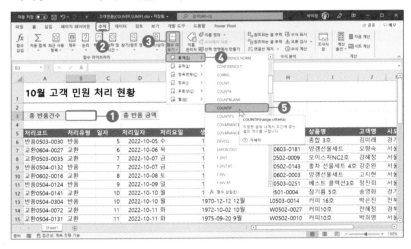

2 COUNTIF 함수의 [함수 인수] 대화상자가 열리면 다음과 같이 입력하고 [확인]을 클릭하세요.

> • **Range**: '처리유형' 항목인 B6:B48 범위 선택 → F4 눌러 절대 참조로 변경
> • **Criteria**: 처리유형 값인 『"반품"』 입력

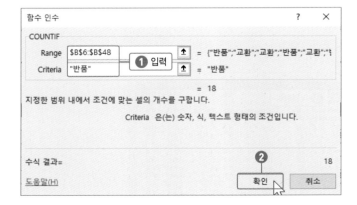

3 총 반품 건수가 계산되었어요. 이번에는 '반품'에 대한 판매금액을 알아볼게요. E3셀을 선택하고 [수식] 탭-[함수 라이브러리] 그룹에서 [수학/삼각]을 클릭한 후 [SUMIF]를 선택하세요.

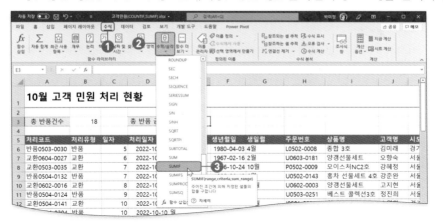

4 SUMIF 함수의 [함수 인수] 대화상자가 열리면 다음과 같이 입력하고 [확인]을 클릭하세요.

> - **Range**: '처리유형' 항목인 B6:B48 범위 선택 → F4 눌러 절대참조로 변경
> - **Criteria**: 처리유형 값인 『"반품"』 입력
> - **Sum_range**: 판매가격인 N6:N48 범위 선택 → F4 눌러 절대참조로 변경

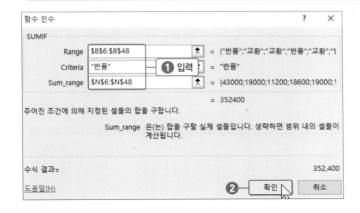

5 총 반품 건수와 반품 금액에 대한 결과를 확인하세요.

10월 고객 민원 처리 현황

처리코드	처리유형	일자	처리일자	처리요일	생년월일	생일월	주문번호	상품명	고객명	시
							총 반품건수 18	총 반품 금액 352,400		
반품0503-0030	반품	5	2022-10-05	수	1980-04-03	4월	L0502-0008	종합 3호	김미래	경
교환0604-0027	교환	6	2022-10-06	목	1967-02-16	2월	U0603-0181	양갱선물세트	오향숙	서
교환0503-0035	교환	7	2022-10-07	금	1966-10-24	10월	P0502-0009	모이스처NC2호	강혜정	서
반품0503-0132	반품	7	2022-10-07	금	1982-06-13	6월	U0502-0143	홍차 선물세트 4호	강준완	서
교환0602-0016	교환	8	2022-10-08	토	1973-12-23	12월	U0602-0003	양갱선물세트	고지현	서
반품0504-0124	반품	9	2022-10-09	일	1966-03-07	3월	U0503-0251	베스트 콜렉션3호	정진희	서
교환0504-0141	교환	10	2022-10-10	월	1967-11-08	11월	I0501-0004	참기름 5호	송영화	경
반품0504-0304	반품	10	2022-10-10	월	1970-12-12	12월	L0503-0014	커피 16호	박은진	전
교환0504-0072	교환	11	2022-10-11	화	1972-10-02	10월	W0502-0027	커피10호	전혜정	경
교환0504-0131	교환	11	2022-10-11	화	1975-09-20	9월	W0502-0010	커피10호	박희명	서

03 고급 실무 함수 익히기

비즈니스 데이터를 깊이 있게 분석하여 결과 보고서를 작성하려면 요약에 필요한 함수나 찾기/참조 함수 등의 실무 함수를 적절하게 사용할 수 있어야 합니다. 또한 하나의 함수가 아닌 다양한 함수를 중첩하여 사용하면 복잡하게 계산하지 않아도 다양한 형태의 분석을 단 하나의 셀에서 처리할 수 있습니다. 이번 섹션에서는 업무의 효율성을 높여주고 시간을 절약할 수 있는 다양한 실무 고급 함수에 대해 배워보겠습니다.

PREVIEW

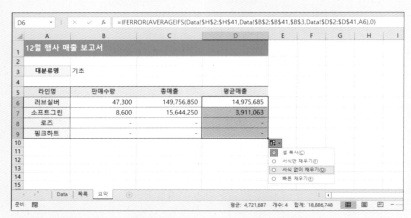

▲ 논리와 집계 함수로 요약 보고서 완성하기

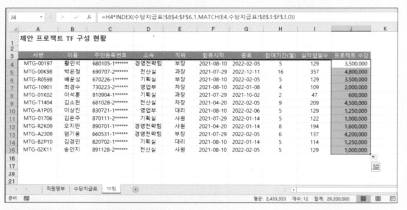

▲ 날짜와 참조 함수로 작업 기간과 수당 구하기

섹션별 주요 내용

01 | 행사 매출 분류명 구하기 – IFS, VLOOKUP 함수   02 | 라인별, 분류별 판매수량과 총매출 구하기 – SUMIFS 함수

03 | 매출 평균 구하기 – IFERROR, AVERAGEIFS 함수   04 | TF팀 명단 가져오기 – VLOOKUP, COLUMN 함수

05 | 참여 기간과 참여일수 알아보기 – NETWORKDAYS, DATEDIF 함수

06 | 직급별 프로젝트 수당 구하기 – INDEX, MATCH 함수

2019 | 2021 | Microsoft 365

우선순위

문서시작

문서편집

서식지정

차트

함수

정렬과필터

피벗테이블

파워쿼리

EXCEL 01 행사 매출 분류명 구하기 – IFS, VLOOKUP 함수

● **예제파일**: 행사매출(IFS,VLOOKUP).xlsx   ● **완성파일**: 행사매출(IFS,VLOOKUP)_완성.xlsx

1 [Data] 시트에서 B2셀을 선택하고 **[수식]** 탭-**[함수 라이브러리]** 그룹에서 **[논리]**를 클릭한 후 **[IFS]**를 선택하세요.

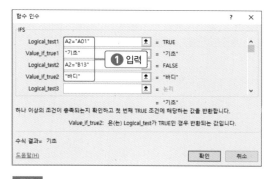

> **TIP**
>
> IFS 함수는 엑셀 2019부터 새로 제공되는 함수로, IF 함수를 반복해서 사용하는 효과와 같습니다.

2 IFS 함수의 [함수 인수] 대화상자가 열리면 첫 번째 조건과 값을 입력하기 위해 'Logical_test1'에는 『A2="A01"』을, 'Value_if_true1'에는 『"기초"』를, 'Logical_test2'에는 『A2="B13"』을, 'Value_if_true2'에는 『"바디"』를 입력하세요. 마지막으로 'Logical_test3'에는 『TRUE』를, 'Value_if_true3'에는 『"색조"』를 입력하고 [확인]을 클릭하세요.

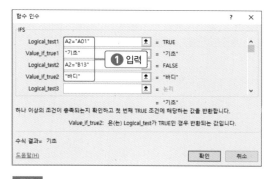
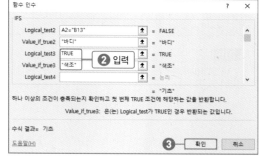

> **TIP**
>
> 인수 중에서 'Logical_test1'는 조건이고, 'Value_if_true1'은 그 조건에 해당하는 값이며, 마지막 조건의 'TRUE'는 나머지 값을 의미합니다. 즉 '기초'와 '바디'가 아닌 나머지 모든 값입니다.

3 B2셀에 최종 결과가 계산되면 B2셀의 자동 채우기 핸들(╋)을 더블클릭하여 나머지 셀에 함수
식을 복사하세요.

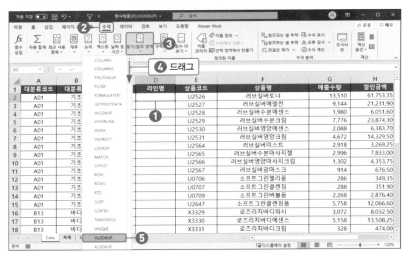

4 이번에는 라인코드에 따른 '라인명'을 계산하기 위해 D2셀을 선택하고 [수식] 탭-[함수 라이브러
리] 그룹에서 [찾기/참조 영역]을 클릭한 후 [VLOOKUP]을 선택하세요.

TIP

VLOOKUP 함수는 표의 첫 열에서 값을 찾아 지정한 열의 같은 행의 값을 되돌려주는 함수입니다.

5 VLOOKUP 함수의 [함수 인수] 대화상자가 열리면 다음과 같이 지정하고 [확인]을 클릭하세요.

> • **Lookup_value**: 찾으려고 하는 코드 값 『C2』 입력
> • **Table_array**: 커서 올려놓고 [목록] 시트로 이동 → 전체 범위인 C2:D7 범위 선택 → F4 눌러 절대 참조로 변경
> • **Col_index_num**: 두 번째 열의 값을 가져와야 하므로 『2』 입력
> • **Range_lookup**: 『0』 입력

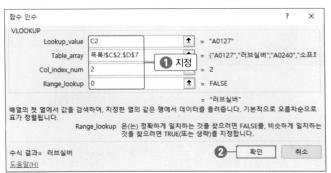

▶ 영상강의 ◀

TIP

이 함수식은 라인코드 'A0127'을 [목록] 시트에 있는 셀 범위(C2:D7)의 1열에서 찾아 같은 행에 있는 두 번째 열인 '라인명'의 값인 '러브실버'를 가져오는 것입니다.

6 D2셀에 코드명이 표시되면 D2셀의 자동 채우기 핸들(✛)을 더블클릭하여 나머지 셀에 함수식을 복사하세요.

	A	B	C	D	E	F	G	H
1	대분류코드	대분류명	라인코드	라인명	상품코드	상품명	매출수량	할인금액
2	A01	기초	A0127	러브실버		러브실버토너	13,510	61,753.35
3	A01	기초	A0127	러브실버		브실버에멀전	9,144	21,231.90
4	A01	기초	A0127		U2528	러브실버수분에센스	1,980	6,051.60
5	A01	기초	A0127		U2529	러브실버수분크림	7,776	23,874.30
6	A01	기초	A0127	러브실버	U2530	러브실버영양에센스	2,088	6,383.70
7	A01	기초	A0127	러브실버	U2531	러브실버영양크림	4,672	14,329.50
8	A01	기초	A0127	러브실버	U2564	러브실버미스트	2,918	3,269.25
9	A01	기초	A0127	러브실버	U2565	러브실버수분마사지젤	2,996	7,833.00
10	A01	기초	A0127	러브실버	U2566	러브실버영양마사지크림	1,302	4,353.75
11	A01	기초	A0127	러브실버	U2567	러브실버광마스크	914	676.50
12	A01	기초	A0240	소프트그린	U0706	소프트그린젤리폼	286	349.35
13	A01	기초	A0240	소프트그린	U0707	소프트그린클렌징	288	351.90
14	A01	기초	A0240	소프트그린	U0709	소프트그린버블폼	2,268	2,876.40
15	A01	기초	A0240	소프트그린	U2647	소프트그린클렌징폼	5,758	12,066.60
16	B13	바디	B0346	로즈	X3329	로즈리치바디워시	3,072	8,032.50
17	B13	바디	B0346	로즈	X3330	로즈리치바디에센스	5,158	13,508.25
18	B13	바디	B0346	로즈	X3331	로즈리치바디크림	328	474.00
19	B13	바디	B0346	로즈	X3332	로즈리치바디미스트	352	765.00
20	B13	바디	B0346	로즈	X3333	로즈리치넥크림	562	1,237.50
21	B13	바디	B0346	로즈	X3334	로즈리치바디워시(할로윈)	122	26.25
22	B13	바디	B0346	로즈	X3335	로즈리치바디에센스(할로윈)	312	26.25
23	B13	바디	B0346	로즈	X3336	로즈리치바디크림(할로윈)	362	75.00

라인별, 분류별 판매수량과 총매출 구하기 – SUMIFS 함수

● **예제파일**: 행사매출(SUMIFS).xlsx   ● **완성파일**: 행사매출(SUMIFS)_완성.xlsx

1 대분류명을 선택하기 위해 [요약] 시트에서 B3셀을 선택하고 **[데이터] 탭–[데이터 도구] 그룹**에서 **[데이터 유효성 검사]**를 클릭하세요. [데이터 유효성] 대화상자의 [설정] 탭이 열리면 '제한 대상' 에서 [목록]을 선택합니다. '원본'에 커서를 올려놓은 상태에서 [목록] 시트로 이동한 후 A2:A4 범위를 드래그하여 『=목록!$A$2:$A$4』를 입력하고 [확인]을 클릭하세요.

▶영상강의◀

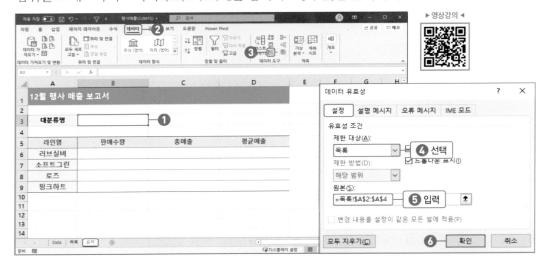

2 B3셀의 오른쪽에 목록 단추(▼)가 나타나면 클릭하고 [기초]를 선택하세요.

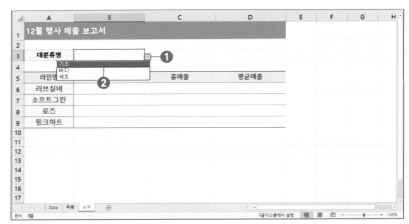

3 '기초'의 '러브실버' 판매수량을 알아볼게요. B6셀을 선택하고 **[수식] 탭–[함수 라이브러리] 그룹**에서 **[수학/삼각]**을 클릭한 후 **[SUMIFS]**를 선택하세요.

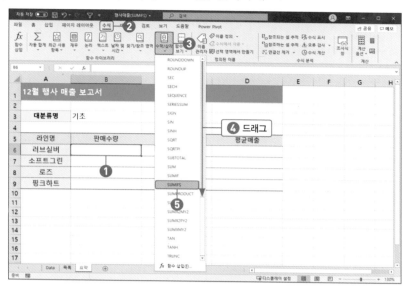

4 SUMIFS 함수의 [함수 인수] 대화상자가 열리면 다음과 같이 지정하세요.

> • **Sum_range**: 커서 올려놓고 [Data] 시트로 이동 → '매출수량' 항목인 G2:G41 범위 선택 → F4 두 번 눌러 혼합 참조 'G$2:G$41'로 변경
> • **Criteria_range1**: 커서 올려놓고 [Data] 시트로 이동 → '대분류명' 항목인 B2:B41 범위 선택 → F4 눌러 절대 참조로 변경
> • **Criteria1**: 조건에 해당하는 B3셀 선택 → F4 눌러 절대 참조로 변경

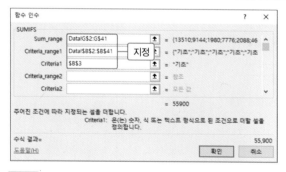

TIP

'Sum_range'가 혼합 참조인 이유는 계산 후 오른쪽 방향으로 모두 복사할 때 '매출수량' 항목에서 '할인금액' 항목으로 범위가 변경되어야 하기 때문입니다. 첫 번째 조건인 B3셀의 '기초'는 함수식을 복사할 때 위치를 고정시켜야 하므로 F4 를 눌러 절대 참조($B$3)로 지정해야 합니다.

5 두 번째 조건에 대한 인수를 다음과 같이 지정하고 [확인]을 클릭하세요.

> - **Criteria_range2**: 커서 올려놓고 [Data] 시트로 이동 → '라인명' 항목인 D2:D41 범위 선택 → F4 눌러 절대 참조로 변경
> - **Criteria2**:『A6』입력 → F4 세 번 눌러 혼합 참조 '$A6'으로 변경

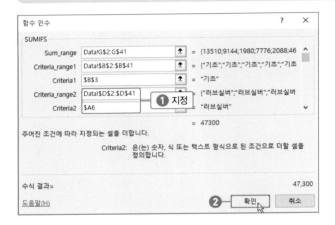

6 B6셀에 '러브실버'의 판매수량이 계산되면 B6셀의 자동 채우기 핸들(+)을 C6셀까지 드래그하여 복사합니다. B6:C6 범위의 자동 채우기 핸들을 다시 더블클릭하여 나머지 셀에 함수식을 복사하세요. 테두리 서식이 달라지지 않도록 [자동 채우기 옵션] 단추(📋)를 클릭하고 [서식 없이 채우기]를 선택합니다.

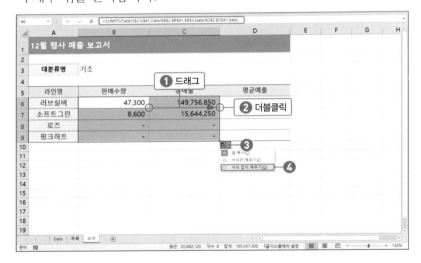

매출 평균 구하기
– IFERROR, AVERAGEIFS 함수

● **예제파일**: 행사매출(AVERAGEIFS).xlsx ● **완성파일**: 행사매출(AVERAGEIFS)_완성.xlsx

1 매출 보고서에서 평균 매출 조건에 대한 맞는 값이 없으면 '#DIV/0' 오류가 발생한다는 것을 고려해서 수식을 작성해야 합니다. [요약] 시트에서 '러브실버'의 평균 매출 값을 계산하기 위해 D6 셀을 선택하고 **[수식]** 탭-**[함수 라이브러리]** 그룹에서 **[논리]**를 클릭한 후 **[IFERROR]**를 선택하세요.

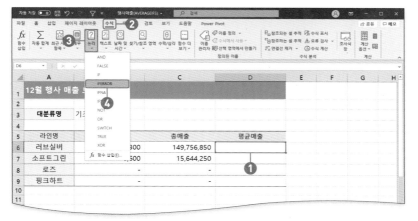

> **TIP**
>
> IFERROR 함수는 함수식의 결과가 오류일 경우 되돌려줄 값을 포함하는 함수입니다.

2 IFERROR 함수의 [함수 인수] 대화상자가 열리면 'Value'에 평균 값을 계산하기 위한 함수 『AVERAGEIFS( )』를 입력하고 수식 입력줄에 있는 [AVERAGEIFS]를 클릭하세요.

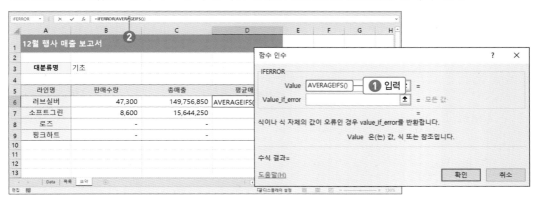

> **TIP**
>
> 함수 안에 함수를 중첩하려면 수식 입력줄의 왼쪽에 있는 이름 상자에서 중첩 함수를 선택해도 되지만, 중첩할 함수를 입력한 후 수식 입력줄에서 함수를 선택하는 것이 더 편리합니다.

165

3 다시 AVERAGEIFS 함수의 [함수 인수] 대화상자가 열리면 다음과 같이 지정하세요.

> - **Average_range**: 커서 올려놓고 [Data] 시트로 이동 → '할인금액' 항목인 H2:H41 범위 선택 → F4 눌러 절대 참조로 변경
> - **Criteria_range1**: 커서 올려놓고 [Data] 시트로 이동 → '대분류명' 항목인 B2:B41 범위 선택 → F4 눌러 절대 참조로 변경
> - **Criteria1**: 조건에 해당하는 B3셀 선택 → F4 눌러 절대 참조로 변경

4 두 번째 조건에 대한 인수를 다음과 같이 지정하고 수식 입력줄에 있는 [IFERROR]를 클릭하세요.

> - **Criteria_range2**: 커서 올려놓고 [Data] 시트로 이동 → '라인명' 항목인 D2:D41 범위 선택 → F4 눌러 절대 참조로 변경
> - **Criteria2**: 『A6』 입력

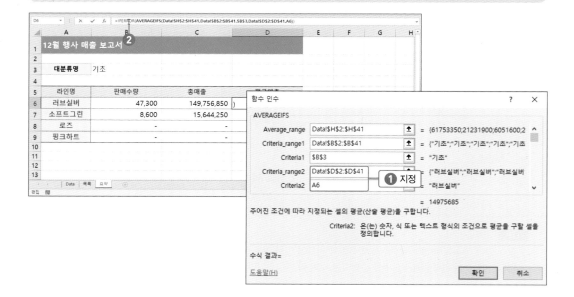

5 다시 IFERROR 함수의 [함수 인수] 대화상자가 열리면 'Value_if_error'에 『0』을 입력하고 [확인]을 클릭하세요.

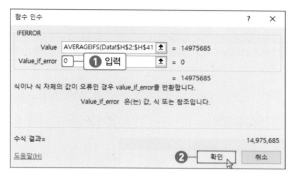

6 D6셀에 '러브실버'의 평균 매출이 계산되면 D6셀의 자동 채우기 핸들(╋)을 더블클릭하여 나머지 셀에 함수식을 복사하세요. 테두리 서식이 달라지지 않도록 [자동 채우기 옵션] 단추(▦)를 클릭하고 [서식 없이 채우기]를 선택합니다.

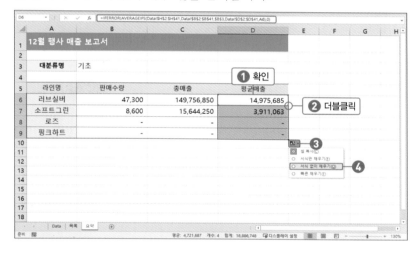

TF팀 명단 가져오기
– VLOOKUP, COLUMN 함수

● **예제파일**: TF팀구성(VLOOKUP,COLUMN).xlsx ● **완성파일**: TF팀구성(VLOOKUP,COLUMN)_완성.xlsx

1 [TF팀] 시트의 직원명부에서 특정 인원을 뽑아 새로운 TF팀의 명단을 작성해 볼게요. B4셀을 선택하고 [수식] 탭–[함수 라이브러리] 그룹에서 [찾기/참조 영역]을 클릭한 후 [VLOOKUP]을 선택하세요.

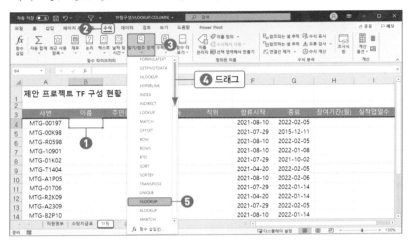

▶ 영상강의 ◀

2 VLOOKUP 함수의 [함수 인수] 대화상자가 열리면 다음과 같이 지정하고 [확인]을 클릭하세요.

- **Lookup_value**: 『$A4』입력
- **Table_array**: 커서 올려놓고 [직원명부] 시트로 이동 → 전체 범위인 A1:H31 선택 → F4 눌러 절대 참조로 변경
- **Col_index_num**: [직원명부] 시트의 두 번째 열(이름)을 계산식으로 작성하기 위해 『COLUMN( )』입력
- **Range_lookup**: 『0』입력

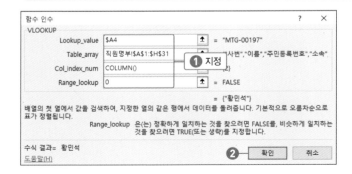

3 B4셀에 사번에 해당하는 사원 이름이 표시되면 B4셀의 자동 채우기 핸들(➕)을 E4셀까지 드래그하세요. E4셀의 자동 채우기 핸들을 더블클릭하여 E15셀까지 함수식을 복사하세요.

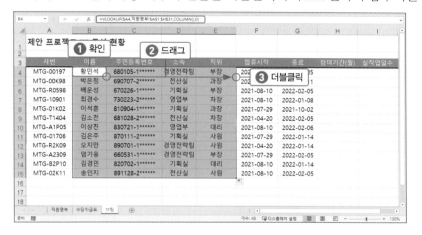

문서서식

문서편집

서식지정

차트

함수

정렬과필터

피벗테이블

파워쿼리

잠깐만요 > 혼합 참조와 COLUMN 함수의 유용성 살펴보기

1. 혼합 참조로 지정해야 하는 이유

수식에 참조 방식을 변경하는 이유는 딱 한 가지 경우입니다. 계산된 수식을 다른 셀에 복사할 때 셀이 이동하면서 위치가 바뀌기 때문에 F4 를 눌러 절대 참조나 혼합 참조로 변경해야 해요. 이 경우에는 좌우로 수식을 복사하는데, 위의 실습에서 행 방향으로는 사번에 따라 셀 주소가 변하므로 상대 참조로 지정해야 합니다. 하지만 열 방향으로 복사할 때는 사번이 이름(B열)으로 변경되지 않아야 하므로 150쪽의 **2** 과정에서 'Lookup_value'에 열 고정/행 변환의 참조인 '$A4'를 지정해야 합니다.

2. COLUMN 함수로 열 번호 정하기

VLOOKUP 함수의 세 번째 인수는 참조할 열의 번호를 입력해야 합니다. '이름'이 아닌 '주민등록번호'를 구하는 수식이 되면 참조 범위의 세 번째 열로 값이 바뀌어야 하는데, 상수값 『2』를 입력하면 다음 수식을 오른쪽으로 복사해도 값이 변경되지 않아요. 따라서 이런 수식을 자연스럽게 해결할 수 있는 계산식이 바로 COLUMN 함수나 ROW 함수입니다. 행이나 열이 바뀔 때마다 숫자가 증가하는 값을 지정하려면 COLUMN 함수나 ROW 함수를 사용해 보세요. COLUMN 함수의 경우 위의 실습 중 '이름' 항목에서는 '2'로, '주민등록번호' 항목에서는 '3'이 됩니다.

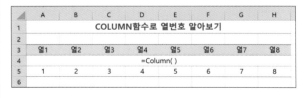

참여 기간과 참여일수 알아보기
– NETWORKDAYS, DATEDIF 함수

● **예제파일**: TF팀구성(DATEDIF,NETWORKDAYS).xlsx   ● **완성파일**: TF팀구성(DATEDIF,NETWORKDAYS)_완성.xlsx

1 [TF팀] 시트에서 H4셀에 『=DATEDIF(F4,G4,"M")』을 입력하고 Enter 를 누릅니다.

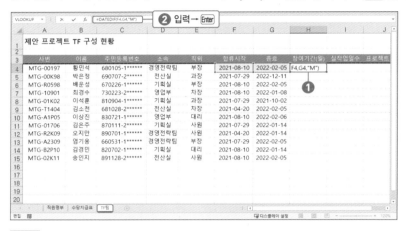

> **TIP**
>
> DATEDIF 함수는 함수 라이브러리에 없는 함수이므로 직접 함수식을 입력해야 합니다.

2 H4셀에 참여기간(월)이 계산되면 실제로 일을 한 일수를 구해볼게요. I4셀을 선택하고 [수식] 탭–[함수 라이브러리] 그룹에서 [날짜 및 시간]을 클릭하고 [NETWORKDAYS]를 선택하세요.

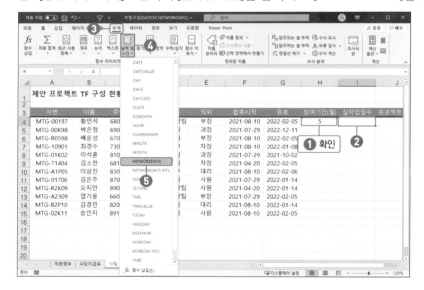

3 NETWORKDAYS 함수의 [함수 인수] 대화상자가 열리면 'Start_date'에는 시작 날짜인 『F4』를, 'End_date'에는 종료 날짜인 『G4』를 입력하고 [확인]을 클릭합니다.

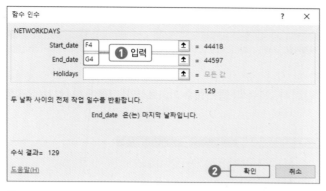

4 I4셀에 실제 작업일 수가 계산되면 H4:I4 범위를 선택하고 I4셀의 자동 채우기 핸들을 더블클릭하여 나머지 셀에 함수식을 복사합니다.

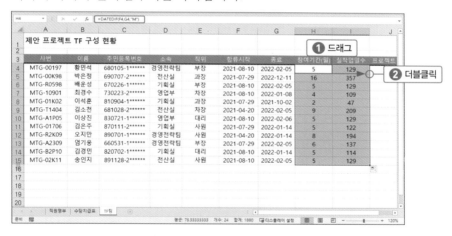

EXCEL 06 직급별 프로젝트 수당 구하기 – INDEX, MATCH 함수

● **예제파일**: TF팀구성(INDEX,MATCH).xlsx ● **완성파일**: TF팀구성(INDEX,MATCH)_완성.xlsx

1 [TF팀] 시트에서 J4셀에 『=H4*』를 입력하고 [수식] 탭–[함수 라이브러리] 그룹에서 [찾기/참조 영역]을 클릭한 후 [INDEX]를 선택하세요.

2 INDEX 함수의 [인수 선택] 대화상자가 열리면 [array,row_num,column_num]을 선택하고 [확인]을 클릭하세요.

3 INDEX 함수의 [함수 인수] 대화상자가 열리면 다음과 같이 입력하고 수식 입력줄에서 [MATCH]를 클릭합니다.

> • **Array**: 커서 올려놓고 [수당지급표] 시트로 이동 → 수당 범위인 B4:F6 선택 → F4 눌러 절대 참조로 변경
> • **Row_num**: 『1』 입력
> • **Column_num**: 『MATCH( )』 입력

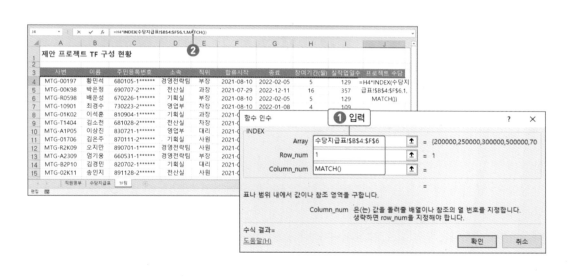

4 MATCH 함수의 [함수 인수] 대화상자가 열리면 다음과 같이 입력하고 [확인]을 클릭하세요.

> • **Lookup_value**: 『E4』 입력
> • **Lookup_array**: 커서 올려놓고 [수당지급표] 시트로 이동 → B3:F3 선택 → F4 눌러 절대 참조로 변경
> • **Match_type**: 『0』 입력

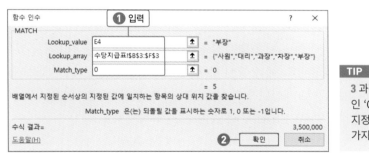

5 J4셀에 참여 개월 수와 출장 수당을 곱한 값이 계산되면 J4셀의 자동 채우기 핸들(➕)을 더블클릭하여 나머지 셀에 함수식을 복사하세요.

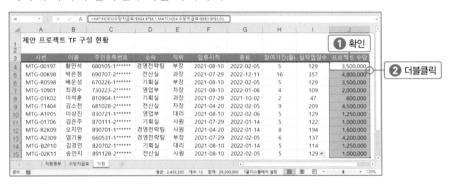

중첩 함수를 쉽게 작성하는 노하우!

1 | 수식 대치하여 중첩 함수 작성하기

함수를 중첩해서 사용하면 함수식을 여러 개의 셀에 나누어 계산하지 않고 하나의 셀에 깔끔하게 작성할 수 있어서 매우 유용해요. 그러나 함수식이 복잡해지면 어떤 함수로 시작하고 인수의 어느 부분에 다른 함수를 중첩해야 하는지 모를 수 있기 때문에 대부분 함수식을 계산하고 해당 결과를 다른 셀에 참조하는 방법으로 계산해야 합니다. 이 경우 다음에서 제시하는 방법으로 함수를 중첩하면 아무리 복잡한 중첩 함수도 정말 쉽게 작성할 수 있어요.

❶ 함수식은 일반적인 계산 순서의 반대 순서대로 입력하세요.
금액의 평균을 구하고 반올림할 경우 함수식에서는 ROUND 함수를 먼저 실행하고 그 안에 AVERAGE 함수를 중첩해야 합니다. 좀 더 많은 함수를 한 번에 입력하려면 순서가 무척 복잡하겠지만, 계산의 작업 순서를 반대로 생각하면 간단해집니다.

❷ 다른 함수식에 참조한 함수식을 대치하세요.
생각했던 계산 순서대로 다른 셀에 계산하고 처음 함수식을 복사한 후 해당 값을 참조하고 있는 또 다른 함수식에 복사한 함수식을 대치하세요. 예를 들어 B2셀에 '=AVERAGE(A2:A10)'으로 계산된 함수식이 있고 C3셀에 '=ROUND(B2)'로 계산된 함수식이 있다면 B2셀의 'AVERAGE(A2:A10)'을 복사하여 '=ROUND(B2)'의 'B2' 대신 '=AVERAGE(A2:A10)'으로 작성하세요.

▶영상강의◀

2 | 직급별 프로젝트 수당의 함수식 대치하기

● **예제파일**: TF팀구성_수당.xlsx ● **완성파일**: TF팀구성_수당_완성.xlsx

이번에는 154쪽의 '06. 직급별 프로젝트 수당 구하기 – INDEX, MATCH 함수'의 함수식에 다른 함수식을 대치하여 다시 계산해 보겠습니다.

1 직급의 열 위치를 알아내기 위해 M4셀에 함수식 『=MATCH(E4,직급,0)』을 입력하고 [Enter]를 누르세요.

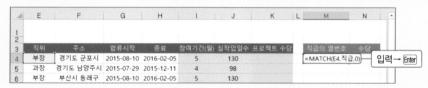

2 수당지급표에서 직급에 따른 출근 수당을 계산하기 위해 N4셀에 『=INDEX(수당,1,M4)』를 입력하고 [Enter]를 누르세요. 이렇게 작성한 결과로 프로젝트 수당을 계산하기 위해 K4셀을 선택하고 『=I4*N4』를 입력한 후 [Enter]를 누르세요.

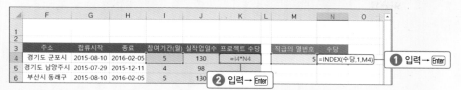

3 작성한 함수식을 '프로젝트 수당' 수식에 대치해 볼게요. 먼저 첫 번째 함수식인 M4셀을 더블클릭하여 함수식을 표시하고 '='를 뺀 'MATCH(E4,직급,0)'을 드래그하여 복사한 후 [Enter]를 누르세요.

4 수당 셀인 N4셀을 더블클릭하여 함수식을 표시한 후 'M4'를 삭제하고 복사한 함수식을 붙여넣습니다.

5 이와 같은 방법으로 INDEX 함수 전체인 'INDEX(수당,1,MATCH(E4,직급,0))'을 복사한 후 [Enter]를 누릅니다.

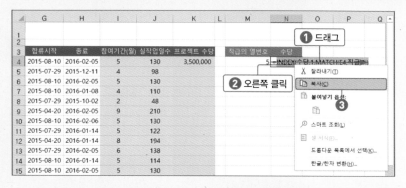

6 '프로젝트 수당' 항목의 함수식을 표시하고 'N4'를 삭제한 후 **5**에서 복사한 함수식을 붙여넣으세요. 그러면 전체 함수식이 완성되면서 M4셀과 N4셀을 삭제해도 문제가 되지 않습니다.

데이터베이스 관리와
데이터 분석하기

엑셀을 사용하는 가장 큰 이유는 바로 '계산'과 '분석' 기능 때문이죠. '분석' 기능을 제대로 사용하려면 '데이터베이스(database)'라고 부르는 대량의 데이터 집합을 규칙에 맞게 저장하고 관리할 수 있어야 해요. 따라서 엑셀에서는 데이터베이스를 쉽고 빠르게 다룰 수 있는 '표' 기능을 제공합니다. 표를 활용하면 데이터의 검색 및 추가, 삭제 등을 한 번에 해결할 수도 있고 데이터베이스를 다양한 형태로 정렬하거나 필터, 부분합, 피벗 테이블 기능으로 분석할 수도 있어요. 이번 장에서는 표를 사용하여 데이터베이스를 정렬해 보고 '분석의 꽃'이라고 부르는 '피벗 테이블 분석' 기능까지 배워봅니다.

EXCEL

01 데이터베이스 다루기

데이터베이스(database)란, 규칙에 맞게 데이터의 구성 요소를 작성 및 저장해 놓은 데이터 집합체를 말합니다. 따라서 데이터만 잘 정리해 놓아도 다양한 보고서나 분석 자료에 매우 유용하게 활용할 수 있죠. 특히 엑셀에서 제공하는 '표' 기능은 데이터베이스를 쉽게 다룰 수 있도록 도와줍니다. 이번 섹션에서는 데이터베이스를 작성하고, 정렬하며, 부분합으로 소계를 구하는 방법까지 알아보겠습니다. 데이터 분석을 위한 기초 단계이므로 예제를 꼭 따라해 보세요

PREVIEW

▲ 표 작성하고 요약 행과 구조적 참조로 계산하기

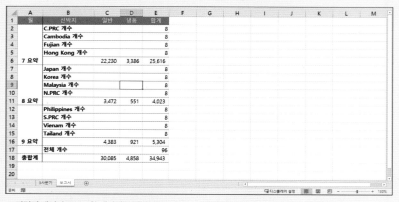

▲ 정렬된 데이터로 부분합 계산하고 결과만 복사하기

EXCEL 01 표 삽입하고 꾸미기

● **예제파일**: 행사매출_표.xlsx ● **완성파일**: 행사매출_표_완성.xlsx

1 [Data] 시트에서 표를 삽입하기 위해 데이터 범위에 있는 하나의 셀을 선택하고 **[삽입] 탭-[표] 그룹**에서 **[표]**를 클릭하세요.

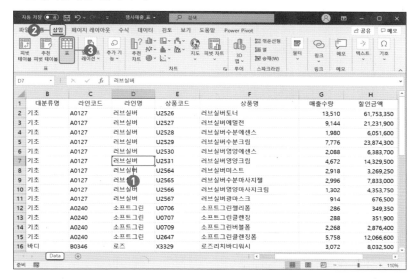

> **TIP**
> Ctrl+T를 눌러도 빠르게 표를 삽입할 수 있어요.

2 [표 만들기] 대화상자가 열리면 [머리글 포함]에 체크되어 있는지 확인하고 [확인]을 클릭하세요.

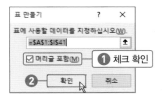

> **TIP**
> 인접한 영역의 데이터 범위가 모두 선택되므로 표로 사용할 데이터 범위가 자동으로 지정됩니다.

3 데이터베이스에 표 서식이 적용되면서 표가 삽입되면 다른 스타일의 표 서식을 적용해 볼게요. [표 디자인] 탭-[표 스타일] 그룹에서 [자세히] 단추(▽)를 클릭하고 표 스타일 목록에서 '중간'의 [주황, 표 스타일 보통 3]을 선택하세요.

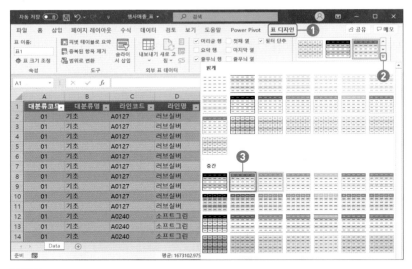

4 표가 지정한 표 스타일로 변경되면 [표 디자인] 탭-[표 스타일 옵션] 그룹에서 [마지막 열]에 체크하여 표를 꾸미세요.

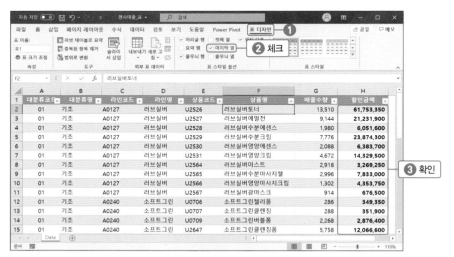

EXCEL 02 표 편집하고 요약 행 지정하기

● **예제파일**: 행사매출_표편집.xlsx ● **완성파일**: 행사매출_표편집_완성.xlsx

1 표가 삽입되면 표에 '표1', '표2'와 같은 이름이 붙는데, 표 이름을 변경해 볼게요. [Data] 시트에서 표 안에 있는 하나의 셀을 선택하고 **[표 디자인] 탭-[속성] 그룹**에서 '**표 이름**'에『**행사매출**』을 입력한 후 Enter 를 누르세요.

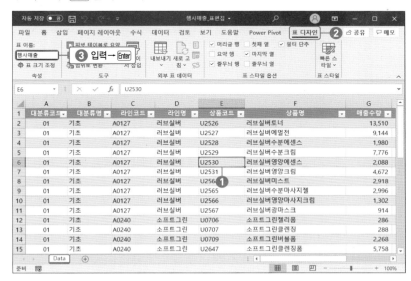

▶ 영상강의 ◀

TIP

표 이름은 표가 작성된 순서에 따라 '표1', '표2' 와 같은 순서로 표시됩니다.

2 새 필드를 추가하기 위해 I1셀에『**수량비율**』을 입력하고 Enter 를 누르세요. 그러면 표 서식이 유지된 상태로 표가 확장됩니다.

	D	E	F	G	H	I
1	라인명	상품코드	상품명	매출수량	할인금액	수량비율
2	러브실버	U2526	러브실버토너	13,510	61,753,350	
3	러브실버	U2527	러브실버에멀전	9,144	21,231,900	
4	러브실버	U2528	러브실버수분에센스	1,980	6,051,600	
5	러브실버	U2529	러브실버수분크림	7,776	23,874,300	
6	러브실버	U2530	러브실버영양에센스	2,088	6,383,700	
7	러브실버	U2531	러브실버영양크림	4,672	14,329,500	
8	러브실버	U2564	러브실버미스트	2,918	3,269,250	
9	러브실버	U2565	러브실버수분마사지젤	2,996	7,833,000	
10	러브실버	U2566	러브실버영양마사지크림	1,302	4,353,750	
11	러브실버	U2567	러브실버광마스크	914	676,500	
12	소프트그린	U0706	소프트그린젤리폼	286	349,350	
13	소프트그린	U0707	소프트그린클렌징	288	351,900	
14	소프트그린	U0709	소프트그린버블폼	2,268	2,876,400	
15	소프트그린	U2647	소프트그린클렌징폼	5,758	12,066,600	
16	로즈	X3329	로즈리치바디워시	3,072	8,032,500	
17	로즈	X3330	로즈리치바디에센스	5,158	13,508,250	
18	로즈	X3331	로즈리치바디크림	328	474,000	

① 입력→ Enter

② 확인

TIP

이와 같은 방법으로 표의 아래쪽 행(레코드)에 데이터를 입력해도 표 서식이 그대로 유지되면서 행이 추가됩니다.

3 추가한 필드(항목)의 할인 금액을 계산해 볼게요. I2셀에 『=』를 입력하고 G2셀을 클릭하여 『[@ 매출수량]』을 입력한 후 『/SUM([매출수량])』을 입력하고 Enter를 누르세요

4 수식이 구조적으로 참조되면서 결과가 한 번에 계산되었으면 '수량비율' 필드 전체를 선택합니 다. [홈] 탭-[표시 형식] 그룹에서 [백분율]을 클릭하여 수량 비율을 백분율로 표시하세요.

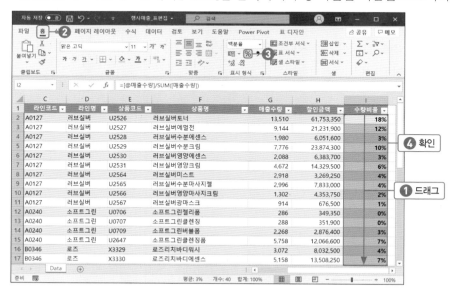

5 [홈] 탭-[표시 형식] 그룹에서 [자릿수 늘림]을 클릭하여 수량 비율을 소수점 이하 첫째 자리까지 표시하세요.

6 이번에는 표에 대한 요약을 계산하기 위해 표를 선택한 상태에서 **[표 디자인] 탭-[표 스타일 옵션] 그룹**에서 **[요약 행]**에 체크하세요. 표의 아래쪽에 '요약' 행이 추가되면 '매출수량' 항목의 G42셀을 선택하고 '요약' 행의 목록 단추(▼)를 클릭한 후 [합계]를 선택하세요.

7 G42셀에 '매출수량' 항목의 매출수량에 대한 소계가 표시되었는지 확인하세요.

잠깐만요 > 계산된 열이 자동으로 채워지지 않을 때의 해결 방법 살펴보기

표에서 구조적 참조 방법으로 계산된 열은 자동으로 계산된 열이 만들어져서 모든 셀에 수식이 채워져요. 그런데 해당 기능이 중지되어 실행되지 않는다면 계산된 셀의 끝에 나타난 [자동 고침 옵션] 단추(🗐)를 클릭하고 [이 수식이 있는 이 열의 모든 셀 덮어쓰기]를 선택하세요.

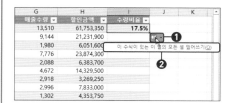

모든 셀의 수식이 채워지지 않은 것은 자동 고침 옵션에서 일부 옵션이 지정되지 않았거나 수식 작성 후 [자동으로 계산된 열 만들기 중지]를 선택했기 때문이에요. 그러므로 다시 해당 기능을 변경하려면 다음과 같이 진행하세요.

❶ [파일] 탭-[옵션]을 선택하여 [Excel 옵션] 창을 열고 [언어 교정] 범주를 선택한 후 [자동 고침 옵션]을 클릭하세요.
❷ [자동 고침] 대화상자가 열리면 [입력할 때 자동 서식] 탭에서 '작업할 때 자동으로 서식 설정'의 [표에 수식을 채워 계산된 열 만들기]에 체크하고 [확인]을 클릭하세요.

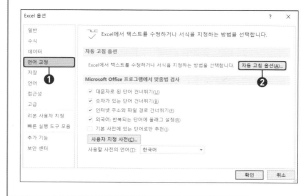

EXCEL 03 표 스타일 지우고 데이터 범위로 변환하기

● **예제파일**: 행사매출_표스타일.xlsx ● **완성파일**: 행사매출_표스타일_완성.xlsx

1 이미 표 스타일이 적용되어 있는 경우, 다시 범위로 변환하게 되면 스타일이 그대로 서식이 됩니다. 이 스타일을 변경하기 위해 [테이블 디자인] 탭-[표 스타일] 그룹에서 [자세히] 단추(▼)를 클릭하세요.

2 표 스타일 갤러리에서 [지우기]를 클릭하세요.

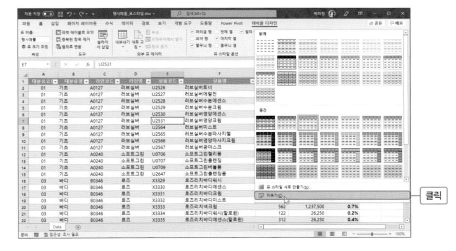

3 표 스타일이 제거되었어요. 이제 표를 삭제하기 위해 [테이블 디자인] 탭-[도구] 그룹에서 [범위로 변환]을 클릭하세요

4 다음과 같은 메시지 창이 열리면 [예]를 클릭하세요.

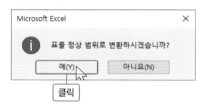

5 표가 다시 범위로 변환되었습니다.

문서작성

EXCEL 04 필드 조건 이용해 데이터 정렬하기

● **예제파일**: 행사매출_정렬.xlsx ● **완성파일**: 행사매출_정렬_완성.xlsx

1 엑셀에서 가장 단순한 정렬 방법은 해당 필드에서 직접 정렬하는 방법입니다. [Data] 시트에서 '라인명' 항목에 있는 하나의 셀을 선택하고 마우스 오른쪽 단추를 클릭한 후 [정렬] – [텍스트 오름차순 정렬]을 선택하세요.

2 ㄱ, ㄴ, ㄷ, …의 순서대로 라인명 이름이 정렬되었는지 확인하세요.

	A	B	C	D	E	F	G
1	대분류코드	대분류명	라인코드	라인명	상품코드	상품명	매출수량
2	01	기초	A0127	러브실버	U2526	러브실버토너	13,510
3	01	기초	A0127	러브실버	U2527	러브실버에멀전	9,144
4	01	기초	A0127	러브실버	U2528	러브실버수분에센스	1,980
5	01	기초	A0127	러브실버	U2529	러브실버수분크림	7,776
6	01	기초	A0127	러브실버	U2530	러브실버영양에센스	2,088
7	01	기초	A0127	러브실버	U2531	러브실버영양크림	4,672
8	01	기초	A0127	러브실버	U2564	러브실버미스트	2,918
9	01	기초	A0127	러브실버	U2565	러브실버수분마사지젤	2,996
10	01	기초	A0127	러브실버	U2566	러브실버영양마사지크림	1,302
11	01	기초	A0127	러브실버	U2~ [확인]	러브실버광마스크	914
12	04	색조	C1034	러브실버	K25~	러브실버꿀광스타터	410
13	04	색조	C1034	러브실버	K2555	러브실버꿀광파운데이션1호	316
14	04	색조	C1034	러브실버	K2556	러브실버꿀광파운데이션2호	372
15	04	색조	C1034	러브실버	K2557	러브실버팩트1호	286
16	04	색조	C1034	러브실버	K2558	러브실버팩트2호	372
17	04	색조	C1034	러브실버	K2559	러브실버밀도컨실러키트	662
18	04	색조	C1034	러브실버	K2560	러브실버커버쿠션01호(라이트)	740
19	04	색조	C1034	러브실버	K2561	러브실버커버쿠션02호(내추럴)	598
20	03	바디	B0346	로즈	X3329	로즈리치바디워시	3,072
21	03	바디	B0346	로즈	X3330	로즈리치바디에센스	5,158

3 이번에는 리본 메뉴를 사용해 할인금액을 기준으로 데이터를 정렬해 볼게요. '할인금액' 항목에 있는 하나의 셀을 선택하고 [데이터] 탭-[정렬 및 필터] 그룹에서 [숫자 내림차순 정렬]을 클릭하세요.

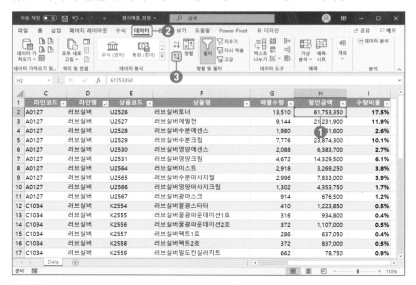

> **TIP**
> 각 필드의 성격에 따라 텍스트, 숫자, 날짜/시간에 대한 정렬 목록이 표시됩니다.

4 '할인금액'이 가장 큰 데이터부터 정렬되었는지 확인하세요.

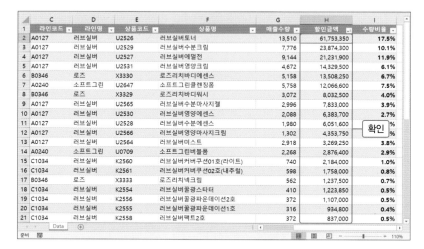

EXCEL 05 다중 조건 지정해 데이터 정렬하기

● **예제파일**: 행사매출_다중정렬.xlsx ● **완성파일**: 행사매출_다중정렬_완성.xlsx

1 데이터에 여러 가지 조건을 적용하여 정렬해 봅시다. [Data] 시트에서 데이터 범위에 있는 하나의 셀을 선택하고 **[데이터] 탭-[정렬 및 필터] 그룹**에서 **[정렬]**을 클릭하세요.

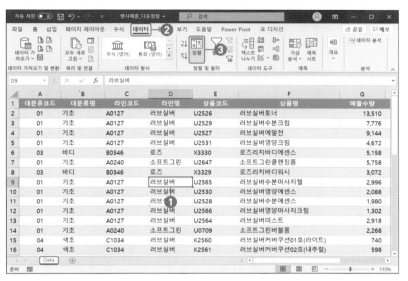

2 [정렬] 대화상자가 열리면 분류에 대한 정렬 방식을 지정하기 위해 '정렬 기준'에서는 [대분류명], [셀 값]을 지정하고 '정렬'에서 [오름차순]을 선택하세요. [기준 추가]를 클릭하고 '다음 기준'은 [라인코드], '정렬 기준'은 [셀 값], '정렬'은 [사용자 지정 목록]으로 지정하세요.

189

3 [사용자 지정 목록] 대화상자의 [사용자 지정 목록] 탭이 열리면 '사용자 지정 목록'에서 [새 목록]을 선택하세요. '목록 항목'에 다음의 그림과 같이 순서대로 목록을 입력하고 [추가]와 [확인]을 차례대로 클릭하세요.

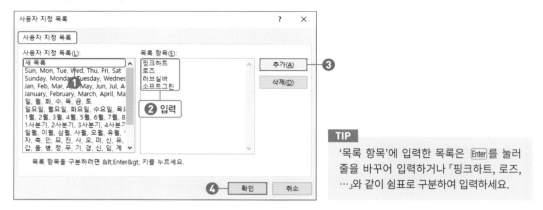

TIP
'목록 항목'에 입력한 목록은 Enter 를 눌러 줄을 바꾸어 입력하거나 『핑크하트, 로즈, …』와 같이 쉼표로 구분하여 입력하세요.

4 [정렬] 대화상자로 되돌아오면 [기준 추가]를 클릭하고 '다음 기준'은 [매출수량], '정렬 기준'은 [셀 값], '정렬'은 [내림차순]으로 지정한 후 [확인]을 클릭하세요.

5 '대분류명', '라인코드', '매출수량' 순으로 데이터가 정렬되었는지 확인하세요.

	A	B	C	D	E	F	G	H
1	대분류코드	대분류명	라인코드	라인명	상품코드	상품명	매출수량	할인금액
2	01	기초	A0127	러브실버	U2526	러브실버토너	13,510	61,753,350
3	01	기초	A0127	러브실버	U2527	러브실버에멀전	9,144	21,231,900
4	01	기초	A0127	러브실버	U2529	러브실버수분크림	7,776	23,874,300
5	01	기초	A0127	러브실버	U2531	러브실버영양크림	4,672	14,329,500
6	01	기초	A0127	러브실버	U2565	러브실버수분마사지젤	2,996	7,833,000
7	01	기초	A0127	러브실버	U2564	러브실버미스트	2,918	3,269,250
8	01	기초	A0127	러브실버	U2530	러브실버영양에센스	2,088	6,383,700
9	01	기초	A0127	러브실버	U2528	러브실버수분에센스	1,980	6,051,600
10	01	기초	A0127	러브실버	U2566	러브실버영양마사지크림	1,302	4,353,750
11	01	기초	A0127	러브실버	U2567	러브실버광마스크	914	676,500
12	01	기초	A0240	소프트그린	U2647	소프트그린클렌징폼	5,758	12,066,600
13	01	기초	A0240	소프트그린	U0709	소프트그린버블폼	2,268	2,876,400
14	01	기초	A0240	소프트그린	U0707	소프트그린클렌저	288	351,900
15	01	기초	A0240	소프트그린	U0706	소프트그린젤리폼	286	349,350
16	03	바디	B0346	로즈	X3330	로즈리치바디에센스	5,158	13,508,250
17	03	바디	B0346	로즈	X3329	로즈리치바디워시	3,072	8,032,500
18	03	바디	B0346	로즈	X3333	로즈리치넥크림	562	1,237,500
19	03	바디	B0346	로즈	X3336	로즈리치바디크림(할로윈)	362	75,000
20	03	바디	B0346	로즈	X3332	로즈리치바디미스트	352	765,000
21	03	바디	B0346	로즈	X3331	로즈리치바디크림	328	474,000

정렬 확인

EXCEL 06 부분합 이용해 요약 보고서 작성하기

● **예제파일**: 선박운송_부분합.xlsx ● **완성파일**: 선박운송_부분합_완성.xlsx

1 조건에 맞춰 그룹별 소계를 구해볼게요. [3사분기] 시트에서 데이터 범위에 있는 하나의 셀을 선택하고 [데이터] 탭-[개요] 그룹에서 [부분합]을 클릭하세요.

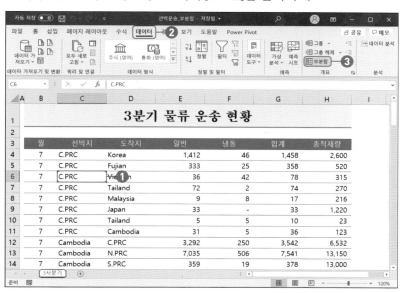

2 [부분합] 대화상자가 열리면 '그룹화할 항목'에서는 [월]을, '사용할 함수'에서는 [합계]를 선택하고 '부분합 계산 항목'에서 [일반], [냉동], [합계]에만 체크한 후 [확인]을 클릭하세요.

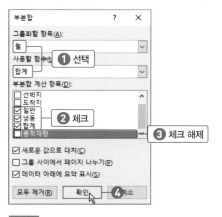

> **TIP**
>
> '부분합 계산 항목'은 소계를 계산할 필드여서 숫자로 된 항목이어야 하므로 텍스트 항목인 경우에는 적용할 함수에서 [개수]를 선택해야 합니다. 여기서는 월별 '일반', '냉동', '합계' 항목의 부분합을 요약할 수 있어요.

3 부분합이 계산되면서 7월과 8월, 9월의 아래쪽에 '요약' 행이 추가되었습니다. 다른 항목에 대한 요약을 추가하려면 [데이터] 탭-[개요] 그룹에서 [부분합]을 클릭하세요.

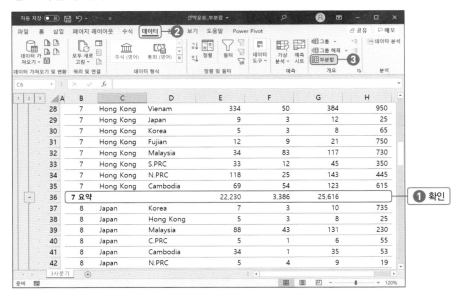

4 [부분합] 대화상자가 열리면 '그룹화할 항목'에서는 [선박지]를, '사용할 함수'에서는 [개수]를 선택하세요. '부분합 계산 항목'에서 [합계]에만 체크하고 [새로운 값으로 대치]의 체크를 해제한 후 [확인]을 클릭하세요.

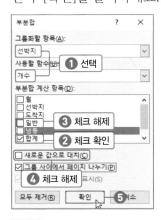

5 선박지별로 그룹화되면서 선박지의 개수가 요약되었는지 확인하고 3번 윤곽 기호(③)를 클릭하세요.

6 월별 요약과 함께 선박지별 개수가 제대로 요약되었는지 확인하세요.

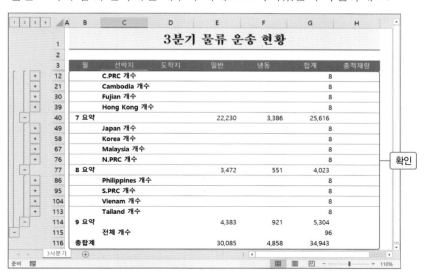

07 부분합 이용해 요약 보고서의 결과 복사하기

● **예제파일**: 선박운송_부분합복사.xlsx   ● **완성파일**: 선박운송_부분합복사_완성.xlsx

1 부분합 부분만 다른 시트에 복사하기 위해 [3사분기] 시트에서 D열 머리글을 클릭하여 D열 전체를 선택하세요. Ctrl 을 누른 상태에서 H열 머리글을 클릭하여 H열 전체를 선택하고 마우스 오른쪽 단추를 클릭한 후 [숨기기]를 선택하세요.

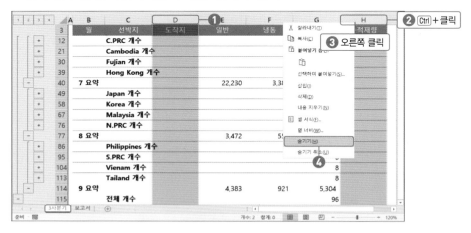

2 이번에는 화면에 보이는 내용만 복사해 볼게요. B3:G116 범위를 선택하고 [홈] 탭-[편집] 그룹에서 **[찾기 및 선택]**을 클릭한 후 [이동 옵션]을 선택하세요. [이동 옵션] 대화상자가 열리면 [화면에 보이는 셀만]을 선택하고 [확인]을 클릭하세요.

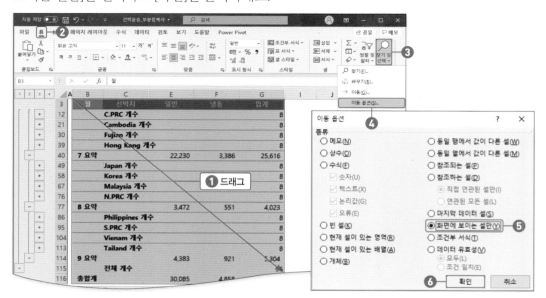

3 화면에 보이는 셀만 모두 선택되면 **[홈] 탭-[클립보드] 그룹**에서 **[복사]**(Ctrl+C)를 클릭하세요.

TIP
선택된 범위가 복사되면 숨겨진 범위는 복사에서 제외됩니다.

4 복사한 데이터를 붙여넣기 위해 **[보고서]** 시트로 이동하여 A1셀을 선택하고 **[홈] 탭-[클립보드] 그룹**에서 **[붙여넣기]**의 🔳를 클릭하세요.

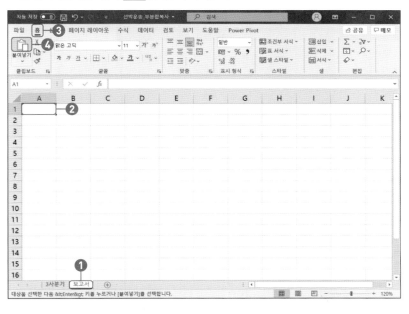

5 다음의 사항을 참고하여 복사한 보고서의 열 너비와 맞춤, 테두리 등의 서식을 꾸미세요.

- **열 너비**: 데이터에 맞춰 지정
- **맞춤**: '7 요약', '8 요약', '9 요약'은 병합하고 가운데 맞춤, 아래쪽 맞춤으로 지정
- **테두리**: 기존의 테두리와 같은 색상으로 모든 범위에 가로 선 그리고 선박지별 개수 요약 셀의 왼쪽에 세로 선 지정

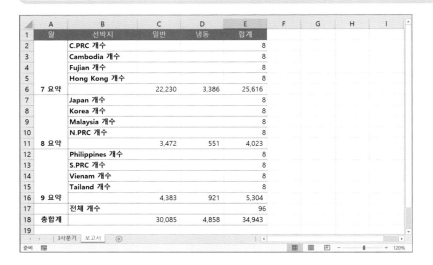

6 [3사분기] 시트로 되돌아와서 [데이터] 탭-[개요] 그룹에서 [부분합]을 클릭합니다. [부분합] 대화 상자가 열리면 [모두 제거]를 클릭하세요.

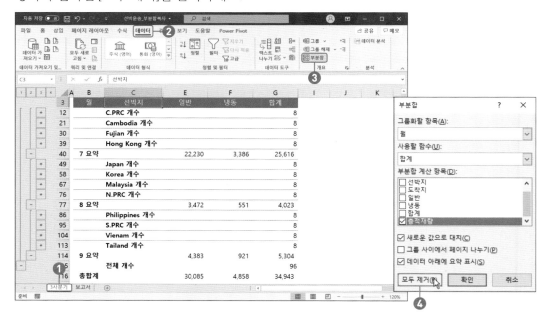

7 요약된 보고서에서 부분합이 취소되면서 원래의 데이터베이스로 되돌아오면 숨겨진 열의 머리글이 포함된 B열 머리글부터 I열 머리글까지 드래그하여 선택합니다. 선택 영역에서 마우스 오른쪽 단추를 클릭하고 [숨기기 취소]를 선택하세요.

8 **1** 과정에서 숨겨졌던 D열과 H열이 표시되었는지 확인하세요.

표시 확인

02 원하는 데이터 검색하고 추출하기

방대한 양의 데이터베이스에서 원하는 데이터만 검색하고 추출해야 한다면 너무 막연할 것입니다. 하지만 엑셀에서 제공하는 '필터' 기능을 활용하면 쉽게 해결할 수 있어요. 수백 개나 수만 개의 데이터라도 각 필드에 저장된 자료에 조건이나 수식을 지정하면 사용자가 원하는 결과를 쉽게 얻을 수 있어요. 이번 섹션에서는 단순 조건을 지정하는 자동 필터부터 중첩 조건이나 수식을 대입해야 하는 고급 필터까지 지정해 보면서 다양한 데이터를 검색하고 추출하는 방법에 대해 배워봅니다.

PREVIEW

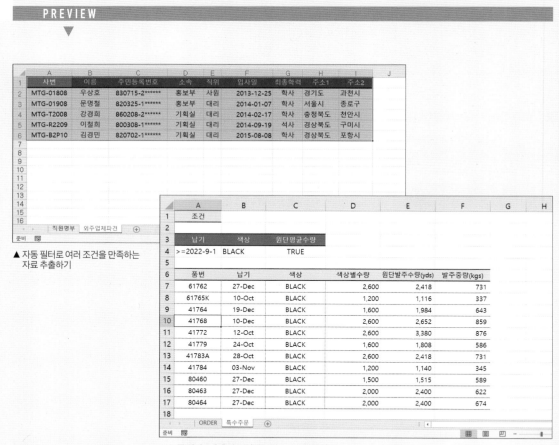

▲ 자동 필터로 여러 조건을 만족하는 자료 추출하기

▲ 고급 필터로 추출하고 원하는 항목만 복사하기

EXCEL 01 자동 필터 이용해 데이터 추출하기

◉ **예제파일**: 외주업체파견_자동필터.xlsx　◉ **완성파일**: 외주업체파견_자동필터_완성.xlsx

1 [직원명부] 시트에서 특정 출판사의 도서만 필터링하기 위해 데이터 범위에 있는 하나의 셀을 선택하고 [홈] 탭-[편집] 그룹에서 [정렬 및 필터]를 클릭한 후 [필터]를 선택하세요.

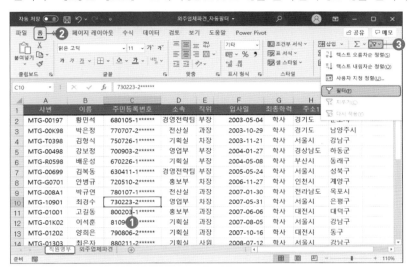

> **TIP**
>
> 단축키 Ctrl + Shift + T를 누르거나 [데이터] 탭-[정렬 및 필터] 그룹에서 [필터]를 클릭해도 됩니다.

2 '소속' 항목의 필터 단추(▼)를 클릭하고 [(모두 선택)]의 체크를 해제하세요. '소속' 항목 중에서 [기획실], [홍보부]에 체크하고 [확인]을 클릭하세요.

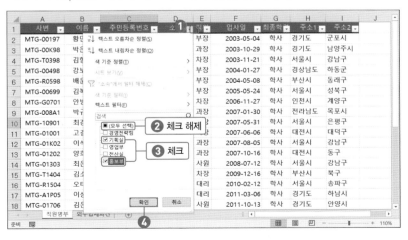

199

3 선택한 소속 항목에 대한 데이터만 추출되었으면 '입사일'이 2013년 이후인 데이터만 추출해 볼게요. '입사일' 항목의 필터 단추(▼)를 클릭하고 [날짜 필터] - [이후]를 선택하세요.

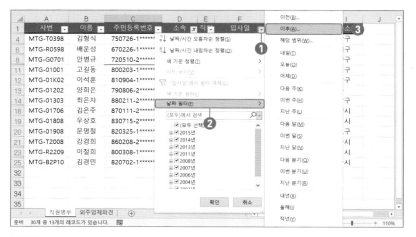

4 [사용자 지정 자동 필터] 대화상자가 열리면 '입사일'에서 [이후]가 선택되었는지 확인하고 『2013 - 1 - 1』을 입력한 후 [확인]을 클릭하세요.

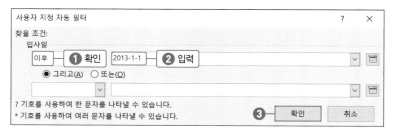

5 첫 번째 '소속' 조건(기획실, 홍보부)과 2013년 이후인 '입사일' 조건을 만족하는 데이터가 필터링되었습니다. 추출된 데이터를 다른 시트에 복사하기 위해 필터링된 데이터 전체를 선택하고 Ctrl+C를 눌러 복사하세요.

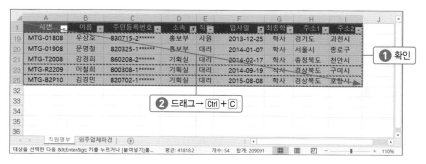

6 [외주업체파견] 시트로 이동해서 A1셀을 선택하고 Ctrl+V를 누르거나 [홈] 탭-[클립보드] 그룹에서 **[붙여넣기]**를 클릭하세요. 데이터가 복사되면 [붙여넣기 옵션] 단추(🖱 (Ctrl) ▼)를 클릭하고 [원본 열 너비 유지](🖱)를 선택하세요.

7 2013년 1월 1일 이후에 입사한 기획실, 홍보부 직원 명단이 필터링되었는지 확인하세요.

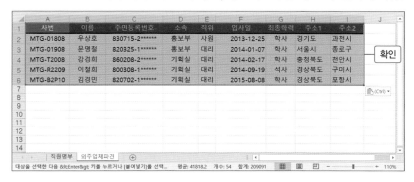

문서시작

문서편집

서식지정

차트

정렬과필터

피벗테이블

파워쿼리

잠깐만요 > 필터 단추의 모양(▼, ☵) 살펴보기

필터가 적용된 필드의 단추는 ▼ 모양이 ☵으로 바뀝니다. 해당 필터 단추(☵)에 마우스 포인터를 올려놓으면 조건에 대한 정보가 스크린 팁으로 표시됩니다. 필터 단추(☵)를 클릭하면 데이터의 종류에 따라 선택 가능한 여러 가지 필터 조건이 나타납니다. 텍스트, 날짜, 숫자에 따라 필터 조건을 다르게 선택할 수 있으며, 직접 항목 조건을 선택하거나 검색 창에 입력해서 조건을 선택할 수 있습니다.

EXCEL 02 두 가지 조건을 만족하는 데이터 추출하기

● **예제파일**: 주문_2가지조건필터.xlsx ● **완성파일**: 주문_2가지조건필터_완성.xlsx

1 '발주중량(kg)'이 평균을 초과하면서 '발주절수(절)'가 20 이하이거나 50 이상인 경우를 추출하려고 합니다. 먼저 '발주중량(kg)' 항목의 필터 단추(▼)를 클릭하여 **[숫자 필터]-[평균 초과]**를 선택하세요.

2 '발주중량(kg)'이 평균을 초과한 데이터가 추출되었어요.

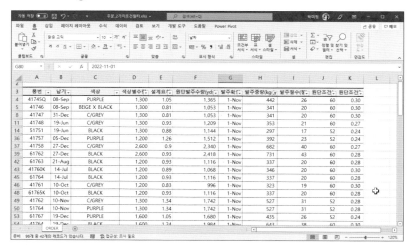

3 이번에는 '발주절수(절)' 항목의 필터 단추(⊡)를 클릭하여 **[숫자 필터]-[사용자 지정 필터]**를 클릭하세요.

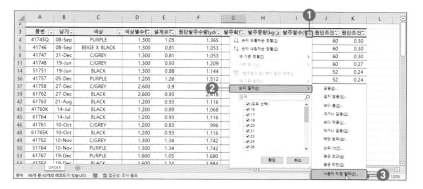

4 **[사용자 지정 자동 필터]** 대화상자가 열리면 '찾을 조건'의 첫 번째 조건을 **[>=]**로 변경하고 『50』을 입력한 후 연산자는 **[또는]**을 선택합니다. 두 번째 조건을 **[<=]**로 변경하고 『20』을 입력한 다음 **[확인]**을 클릭하세요.

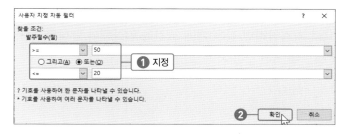

5 조건을 만족하는 모든 데이터가 추출되었어요.

	A	B	C	D	E	F	G	H	I	J	K	L
3	품번	날기	색상	색상별수	설계요	원단발주수량(yd)	발주확	발주중량(kg)	발주절수(절)	원단조건	원단조건	
14	51751	19-Jun	BLACK	1,300	0.88	1,144	1-Nov	297	17	52	0.24	
42	61763	21-Aug	BLACK	1,200	0.93	1,116	1-Nov	337	20	60	0.28	
45	61764	14-Jul	BLACK	1,200	0.93	1,116	1-Nov	337	20	60	0.28	
46	41761	10-Oct	C/GREY	1,200	0.83	996	1-Nov	323	19	60	0.30	
48	61765K	10-Oct	BLACK	1,200	0.93	1,116	1-Nov	337	20	60	0.28	
62	41768	10-Dec	BLACK	2,600	1.02	2,652	1-Nov	859	51	60	0.30	
66	41770	29-Sep	PURPLE	2,600	1.3	3,380	1-Nov	876	52	52	0.24	
73	41772	12-Oct	BLACK	2,600	1.3	3,380	1-Nov	876	52	52	0.24	
77	41775	09-Oct	C/GREY	900	1.2	1,080	1-Nov	327	19	52	0.28	
78	51777	09-Oct	PURPLE	900	1.2	1,080	1-Nov	327	19	52	0.28	
86	41778Q	23-Oct	PURPLE	2,600	1.13	2,938	1-Nov	952	56	60	0.30	
92	51785	23-Oct	WINE	1,300	0.93	1,209	1-Nov	366	17	60	0.28	
93	41784	03-Nov	BLACK	1,200	0.95	1,140	1-Nov	345	16	60	0.28	
94	51786	03-Nov	WINE	1,200	0.95	1,140	1-Nov	345	16	60	0.28	

> **TIP**
>
> 여러 필드에 적용된 필터를 한 번에 해제하여 데이터를 모두 표시하려면 [홈] 탭-[편집] 그룹의 [정렬 및 필터]를 클릭한 후 [지우기]를 선택합니다.

문서시작

문서편집

서식지정

차트

함수

정렬과필터

피벗테이블

파워쿼리

EXCEL 03 고급 필터 이해하고 조건식 알아보기

자동 필터와 달리 고급 필터를 사용할 경우 데이터를 검색하고 추출하기 위한 조건식을 입력해야 합니다. 고급 필터는 조건 지정 방법만 제대로 알고 있으면 자동 필터만큼 쉽게 활용할 수 있어요.

1 | 고급 필터를 사용해야 하는 경우

- 필드(항목) 간에 OR 조건으로 데이터를 추출해야 할 때
- 수식을 포함한 조건으로 데이터를 추출해야 할 때

2 | AND 조건으로 지정하기

필드와 필드 간의 조건을 AND 조건으로 지정하려면 같은 행에 조건을 입력해야 합니다. 먼저 조건을 지정할 필드명을 입력한 후 해당 필드에 조건 값을 차례로 입력하세요.

예 '과일류'이면서 '2022년 4월 1일' 이후 판매된 데이터

분류	판매일자
과일류	>=2022-4-1

3 | OR 조건으로 지정하기

필드와 필드 간의 조건을 OR 조건으로 지정하려면 서로 다른 행에 조건을 입력해야 합니다.

예 '과일류'이거나 '2022년 4월 1일' 이후 판매된 데이터

분류	판매일자
과일류	
	>=2022-4-1

4 | AND와 OR 조건 혼합해 지정하기

필드 간에 AND와 OR 조건이 혼합되어 있는 경우 조건 간의 관계를 정확히 이해해야 합니다.

📌 '과일류'이면서 판매량이 '500' 이상이거나, '공산품'이면서 판매량이 '500' 이상인 데이터

분류	판매량
과일류	>=500
공산품	>=500

5 | 수식으로 조건 지정하기

수식으로 조건을 지정할 때는 수식의 결과가 TRUE이거나 FALSE로 표시되어야 하고, 필드명은 데이터베이스의 필드명과 다르게 입력하거나 생략해야 합니다.

📌 부서가 '인사과'이면서 평균 판매량 이상인 데이터

분류	평균 판매량 이상
과일류	FALSE

EXCEL 04 고급 필터 이용해 데이터 추출하기

● **예제파일**: 주문_고급필터.xlsx ● **완성파일**: 주문_고급필터_완성.xlsx

1 고급 필터는 다른 위치에 조건식을 작성해야 하므로 [ORDER] 시트에서 M5:O7 범위에 다음의 그림과 같은 조건식을 작성합니다. 조건식은 품번이 'Q'로 끝나면서 납기일이 2022년 9월 이후이거나, 발주 중량이 800kgs 이상인 주문건에 대한 필터링입니다.

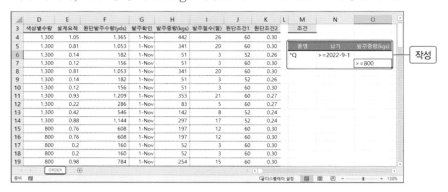

> **TIP**
> 조건식이 모두 같은 행에 있다면 자동 필터만으로도 충분히 원하는 데이터를 추출할 수 있습니다.

2 데이터 범위에 있는 하나의 셀을 선택하고 [데이터] 탭−[정렬 및 필터] 그룹에서 [고급]을 클릭하세요.

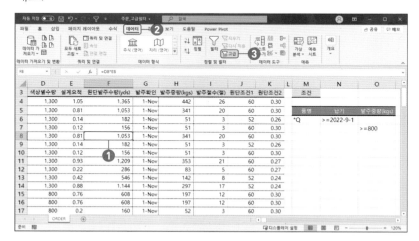

3 [고급 필터] 대화상자가 열리면 '목록 범위'에 자동으로 전체 범위가 잘 지정되었는지 확인합니다. '조건 범위'에 커서를 올려놓고 M5:O7 범위를 선택한 후 [확인]을 클릭하세요.

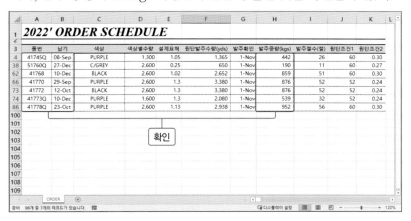

TIP

'복사 위치'는 현재 위치에 필터링되기 때문에 따로 지정할 필요가 없습니다.

4 고급 필터로 조건을 지정한 결과를 살펴보면 품번이 'Q'로 끝나면서 2022년 9월 이후의 주문이 거나, 발주 중량이 800kgs 이상인 주문만 추출된 것을 확인할 수 있어요.

	A	B	C	D	E	F	G	H	I	J	K
1	**2022' ORDER SCHEDULE**										
2											
3	품번	납기	색상	색상별수량	설계요척	원단발주수량(yds)	발주확인	발주중량(kgs)	발주절수(절)	원단조건1	원단조건2
4	41745Q	08-Sep	PURPLE	1,300	1.05	1,365	1-Nov	442	26	60	0.30
38	51760Q	27-Dec	C/GREY	2,600	0.25	650	1-Nov	190	11	60	0.27
62	41768	10-Dec	BLACK	2,600	1.02	2,652	1-Nov	859	51	60	0.30
66	41770	29-Sep	PURPLE	2,600	1.3	3,380	1-Nov	876	52	52	0.24
73	41772	12-Oct	BLACK	2,600	1.3	3,380	1-Nov	876	52	52	0.24
74	41773Q	10-Dec	PURPLE	1,600	1.3	2,080	1-Nov	539	32	52	0.24
86	41778Q	23-Oct	PURPLE	2,600	1.13	2,938	1-Nov	952	56	60	0.30

확인

함수식 적용한 데이터 추출하기

● **예제파일**: 주문_수식.xlsx   ● **완성파일**: 주문_수식_완성.xlsx

1 [특수주문] 시트에서 다음의 그림과 같이 A3:B4 범위에 납기와 색상에 대한 조건을 입력하세요. C3셀에는 『원단평균수량』을, C4셀에는 『=ORDER!F4>=AVERAGE(ORDER!F$4:F$99)』를 입력하고 Enter 를 누르세요.

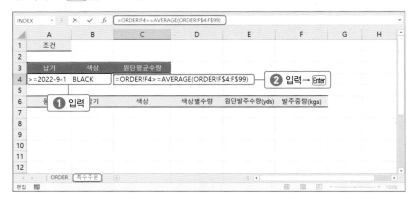

▶ 영상강의 ◀

2 조건식에 함수식을 지정하면 '원단평균수량'이 [TRUE]나 [FALSE]로 표시됩니다. 이와 같은 조건으로 데이터를 필터링하기 위해 워크시트에 있는 하나의 빈 셀을 선택하고 **[데이터] 탭-[정렬 및 필터] 그룹**에서 **[고급]**을 클릭하세요.

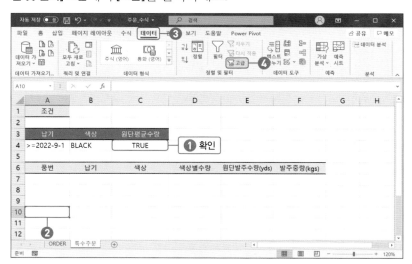

3 [고급 필터] 대화상자가 열리면 '목록 범위'에 커서를 올려놓고 [ORDER] 시트의 전체 범위인 A3:K99 범위를 선택하세요. 이와 같은 방법으로 '조건 범위'에 커서를 올려놓고 [특수주문] 시트의 A3:C4 범위를 선택한 후 '결과'에서 [다른 장소에 복사]를 선택합니다. '복사 위치'에 커서를 올려놓고 [특수주문] 시트에 미리 입력해 놓은 머리글 행인 A6:F6 범위를 선택한 후 [확인]을 클릭하세요.

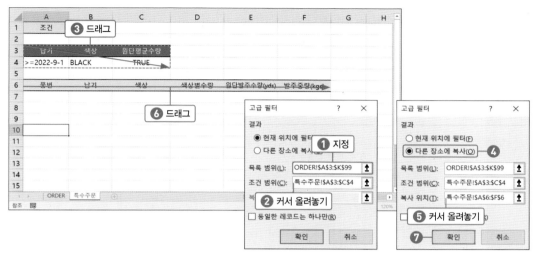

> **TIP**
>
> '목록 범위'나 '조건 범위'는 직접 주소를 입력하는 것보다 시트에 범위를 선택하는 것이 더 편리합니다. 원하는 항목만 결과를 추출하려면 항목 이름을 미리 입력하고 입력된 항목을 복사 위치에 지정해야 합니다.

4 필드명에 해당하는 데이터만 지정한 조건에 맞게 추출되었는지 확인하세요.

	A	B	C	D	E	F
1	조건					
2						
3	납기	색상	원단평균수량			
4	>=2022-9-1	BLACK	TRUE			
5						
6	품번	납기	색상	색상별수량	원단발주수량(yds)	발주중량(kgs)
7	61762	27-Dec	BLACK	2,600	2,418	731
8	61765K	10-Oct	BLACK	1,200	1,116	337
9	41764	19-Dec	BLACK	1,600	1,984	643
10	41768	10-Dec	BLACK	2,600	2,652	859
11	41772	12-Oct	BLACK	2,600	3,380	876
12	41779	24-Oct	BLACK	1,600	1,808	586
13	41783A	28-Oct	BLACK	2,600	2,418	731
14	41784	03-Nov	BLACK	1,200	1,140	345
15	80460	27-Dec	BLACK	1,500	1,515	589
16	80463	27-Dec	BLACK	2,000	2,400	622
17	80464	27-Dec	BLACK	2,000	2,400	674
18						

확인

06 색상별로 데이터 정렬하고 추출하기

● **예제파일**: 매출_색정렬및필터.xlsx ● **완성파일**: 매출_색정렬및필터_완성.xlsx

1 조건부 서식이 지정된 데이터를 색상별로 정렬해 볼게요. [매출] 시트에서 데이터 범위에 있는 하나의 셀을 선택하고 [홈] 탭-[편집] 그룹에서 [정렬 및 필터]를 클릭한 후 [사용자 지정 정렬]을 선택하세요.

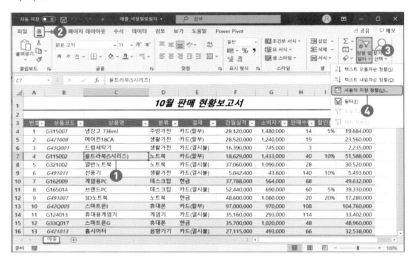

2 [정렬] 대화상자가 열리면 첫 번째 '정렬 기준'은 [금액]과 [셀 색]을, '색'은 [연한 파랑]을 지정하세요. [기준 복사]를 클릭하여 두 번째 정렬 기준을 추가하고 '다음 기준'을 [금액], [셀 값], [내림차순]으로 선택하세요. 이와 같은 방법으로 세 번째 기준을 [금액], [셀 색], [노랑]으로 지정하고 [확인]을 클릭하세요.

TIP

연한 파랑은 'RGB(220, 237, 248)'로, 노랑은 'RGB(255, 235, 156)'으로 표시되어 있습니다.

3 앞의 과정에서 지정한 기준대로 데이터가 정렬되었으면 상품 코드의 색상이 파랑인 경우만 추출해 볼게요. '상품코드' 항목의 필터 단추(▼)를 클릭하고 [색 기준 필터]를 선택한 후 '글꼴 색 기준 필터'에서 [파랑]을 클릭하세요.

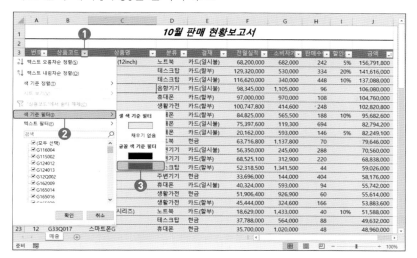

4 정렬된 데이터에서 상품 코드가 파란색인 데이터만 추출되었는지 확인하세요.

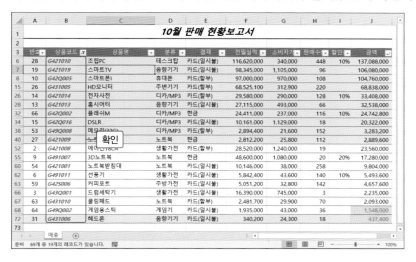

03 전문 분석 기능 다루기

엑셀의 중요한 기능 중 하나는 바로 '강력한 분석' 기능입니다. 엑셀에서는 대량의 데이터를 사용자가 원하는 관점에 따라 요약하고 비교 및 탐색까지 할 수 있는 '피벗 테이블' 기능뿐만 아니라 슬라이서와 시간 표시 막대로 데이터를 시각적으로 분석할 수 있는 '필터' 기능까지 제공합니다. 이 밖에도 3차원 맵에서 시간이 지남에 따라 가상으로 표현되는 지리적 데이터 연출도 가능합니다. 이번 섹션에서는 피벗 테이블과 다양한 필터로 요약하는 기능에 대해 배워봅니다.

PREVIEW

▲ 피벗 테이블로 요약 변경하고 값 표시 형식으로 비율 표시하기

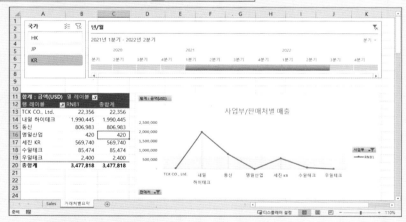

▲ 시간 도구 막대와 슬라이서를 포함한 피벗 테이블 작성하기

EXCEL 01 추천 피벗 테이블 적용하고 꾸미기

● **예제파일**: 판매_추천피벗.xlsx ● **완성파일**: 판매_추천피벗_완성.xlsx

1 [Sales] 시트에서 판매 데이터를 요약하기 위해 데이터 범위에 있는 하나의 셀을 선택하고 **[삽입] 탭-[표] 그룹**에서 **[추천 피벗 테이블]**을 클릭하세요. [권장 피벗 테이블] 대화상자가 열리면 [합계 : 금액(USD), 합계 : 금액, 합계 : 수량(년/분기(+) 기준)]을 선택하고 [확인]을 클릭하세요.

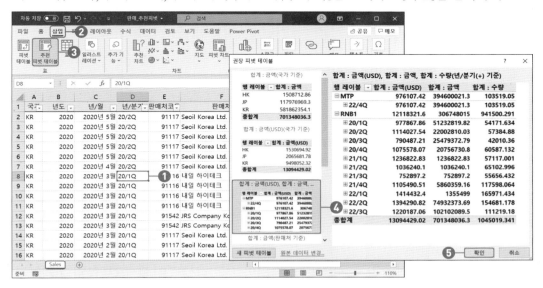

2 추천 피벗 테이블로 사업부와 년/분기별 금액(USD), 수량, 금액 합계가 요약되었어요. 화면의 오른쪽에 나타난 [피벗 테이블 필드] 작업 창에서 [수량]과 [금액]의 체크를 해제하여 보고서에서 제외하고 [국가] 필드를 '열' 영역으로 드래그하여 추가하세요.

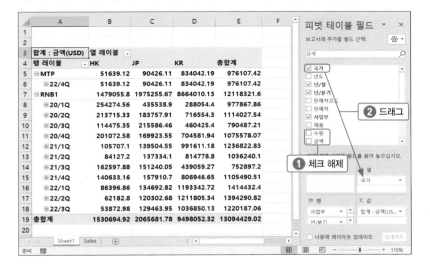

213

3 [디자인] 탭-[피벗 테이블 스타일] 그룹에서 [자세히] 단추(▾)를 클릭하고 '밝게'에서 [연한 파랑, 피벗 스타일 밝게 9]를 선택하세요. 피벗 테이블 보고서를 꾸몄으면 [피벗 테이블 필드] 작업 창을 닫으세요.

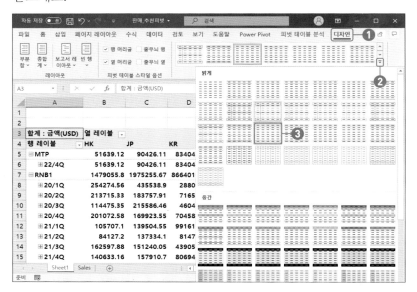

TIP

리본 메뉴의 [피벗 테이블 분석] 탭과 [디자인] 탭은 해당 피벗 테이블을 선택해야 나타납니다.

4 '합계 : 금액(USD)'의 숫자 데이터 범위(B5:E19)를 선택하고 [홈] 탭-[표시 형식] 그룹에서 [쉼표 스타일]을 클릭하여 보고서를 완성하세요.

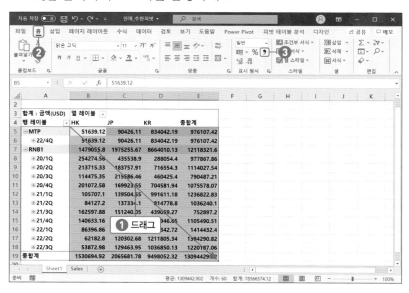

EXCEL 02 피벗 테이블 보고서에 요약 보고서 추가하기

● **예제파일**: 판매_피벗보고서.xlsx ● **완성파일**: 판매_피벗보고서_완성.xlsx

1 [Sales] 시트에서 데이터 범위에 있는 하나의 셀을 선택하고 **[삽입] 탭-[표] 그룹**에서 **[피벗 테이블]**을 클릭하세요.

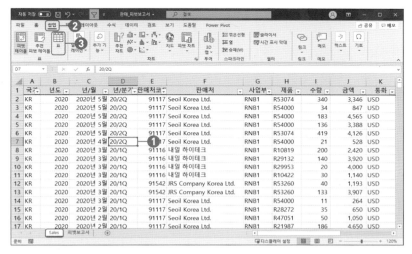

▶ 영상강의 ◀

2 [피벗 테이블 만들기] 대화상자가 열리면 '표 또는 범위 선택'의 '표/범위'에 자동으로 전체 범위가 잘 지정되었는지 확인하고 피벗 테이블 보고서를 넣을 위치에서 [기존 워크시트]를 선택하세요. '위치'에 커서를 올려놓고 [피벗보고서] 시트에서 A21셀을 선택하여 지정한 후 [확인]을 클릭하세요.

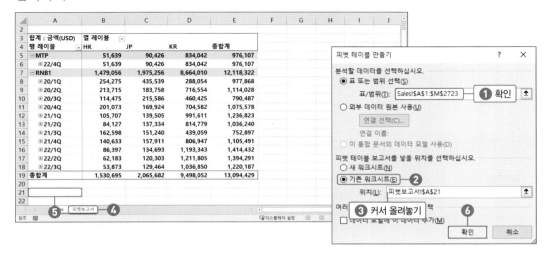

3 [피벗보고서] 시트에서 이미 작성된 피벗 테이블 보고서의 아래쪽에 있는 A21셀부터 새로운 보고서가 삽입되었습니다. 화면의 오른쪽에 있는 [피벗 테이블 필드] 작업 창에서 [판매처], [금액(USD)], [영업이익]에 순서대로 체크하면 [판매처]는 '행' 영역으로, [금액(USD)]와 [영업이익]은 '값' 영역으로 추가됩니다.

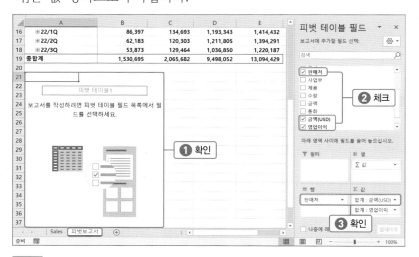

4 [피벗 테이블 필드] 작업 창의 필드 목록 중에서 [년도]를 '행' 영역으로 드래그하여 추가합니다. '행' 영역에서 [년도]를 선택하고 [처음으로 이동]을 선택하세요.

5 [디자인] 탭-[피벗 테이블 스타일] 그룹에서 '밝게'의 [연한 옥색, 피벗 스타일 밝게 14]를 선택하세요. 피 벗 테이블의 스타일이 변경되었으면 [디자인] 탭-[레이아웃] 그룹에서 [보고서 레이아웃]을 클릭하고 [개요 형식으로 표시]를 선택하여 보고서를 완성하세요.

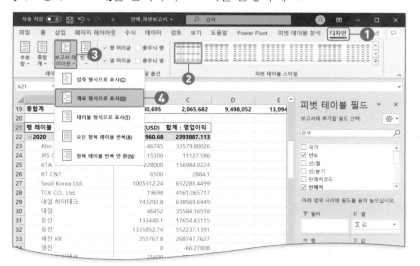

문서시작

문서편집

서식지정

차트

함수

정렬과필터

피벗테이블

파워쿼리

잠깐만요 > 피벗 테이블에서 데이터 그룹화와 해제 이해하기

피벗 테이블의 데이터를 그룹화하면 분석할 데이터의 하위 집합을 표시하는 데 도움이 됩니다. 예를 들어 날짜 및 시간 필드는 분기 및 월 단위로 그룹화할 수 있고 숫자도 그룹화할 수 있습니다. 특히 엑셀에서는 날짜 및 시간의 경우 '시간 그룹화'라는 기능에 의해 자동으로 그룹화됩니다.

예 [피벗 테이블 필드] 작업 창에서 [년/월]에 체크하면 '행' 영역에 [열], [분기], [년/월] 항목으로 그룹화됩니다.

그 밖의 그룹화는 [피벗 테이블 분석] 탭-[그룹] 그룹에서 [선택 항목 그룹화]를 클릭하여 [그룹화] 대화상자를 열고 [시작]과 [끝], 그 리고 '단위'를 선택하여 지정합니다.

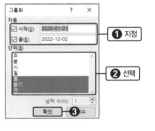

03 피벗 테이블에 값 요약하고 표시 형식 변경하기

● **예제파일**: 판매_개수와비율.xlsx ● **완성파일**: 판매_개수와비율_완성.xlsx

1 [피벗보고서] 시트에서 [피벗 테이블 필드] 작업 창의 '보고서에 추가할 필드 선택'에서 [영업이익]의 체크를 해제하세요.

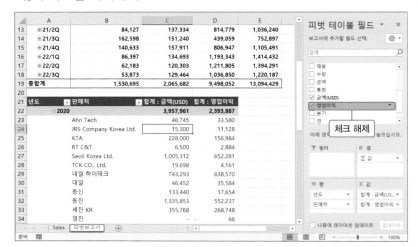

2 요약 방법을 변경하기 위해 '합계 : 금액(USD)' 항목에 있는 하나의 셀을 선택하고 마우스 오른쪽 단추를 클릭한 후 [값 요약 기준] – [평균]을 선택하세요.

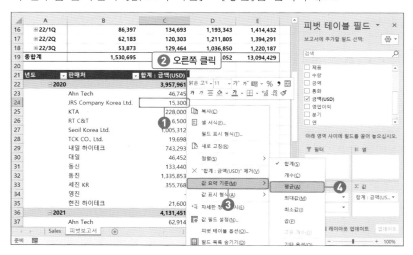

3 '합계'가 '평균'으로 변경되었으면 [피벗 테이블 필드] 작업 창의 '보고서에 추가할 필드 선택'에서 [제품]과 [금액(USD)]을 '값' 영역으로 드래그하여 추가하세요. 이때 '금액(USD)' 필드는 이미 보고서에 추가된 상태이므로 다시 추가할 때는 필드 값을 '값' 영역으로 직접 드래그해야 합니다.

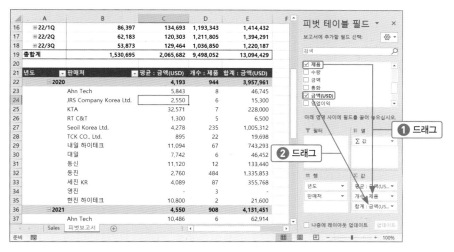

4 추가한 '합계 : 금액(USD)' 항목을 편집하기 위해 E23셀을 선택하고 [**피벗 테이블 분석**] 탭-[**활성 필드**] 그룹에서 [**필드 설정**]을 클릭하세요.

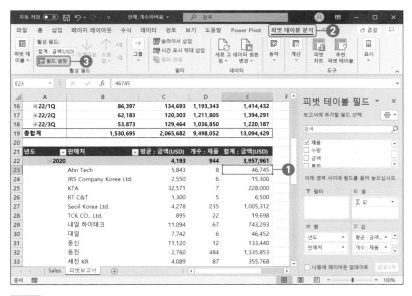

> **TIP**
>
> 보고서의 항목 이름에서 마우스 오른쪽 단추를 클릭하고 [값 표시 형식]-[상위 행 합계 비율]을 선택해도 됩니다.

문서서식

문서편집

서식지정

차트

함수
수식

정렬과필터

피벗테이블

파워쿼리

5 [값 필드 설정] 대화상자가 열리면 '사용자 지정 이름'에 『비율(금액)』을 입력하여 필드 이름을 변경합니다. [값 표시 형식] 탭의 '값 표시 형식'에서 [상위 행 합계 비율]을 선택하고 [확인]을 클릭하세요.

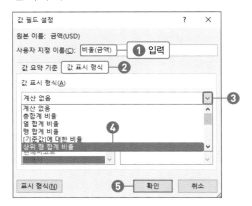

6 항목 이름이 '비율(금액)'으로 변경되고 부분합 비율이 100% 기준으로 계산되었습니다. 이와 같이 평균, 개수, 합계로 요약한 보고서가 작성되면 열 너비를 조정하여 보고서를 완성하세요.

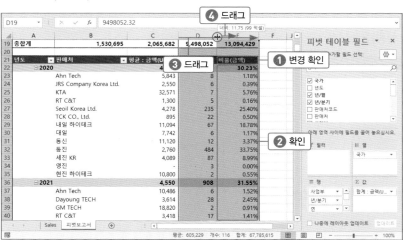

EXCEL 04 피벗 테이블 이름 변경하고 위치 이동하기

● **예제파일**: 판매_피벗테이블편집.xlsx   ● **완성파일**: 판매_피벗테이블편집_완성.xlsx

1 작성된 피벗 테이블의 이름을 변경하기 위해 피벗 테이블 안의 한 셀을 선택한 후 **[피벗 테이블 분석] 탭-[피벗 테이블]** 그룹의 '피벗 테이블 이름'을 『거래처별_P』로 입력하세요.

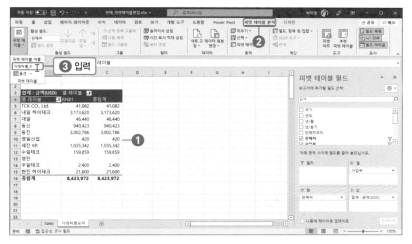

2 이름이 변경되면 '거래처별_P' 보고서의 위치를 변경하기 위해 **[피벗 테이블 분석] 탭-[동작]** 그룹의 **[피벗 테이블 이동]**을 클릭하세요.

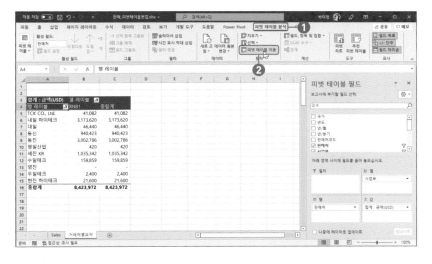

3 [피벗 테이블 이동] 대화상자가 열리면 A11셀을 클릭하여 위치를 입력한 후 [확인]을 클릭하세요.

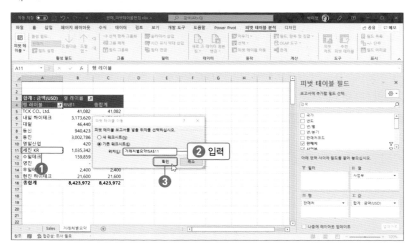

4 보고서의 위치가 변경되었습니다.

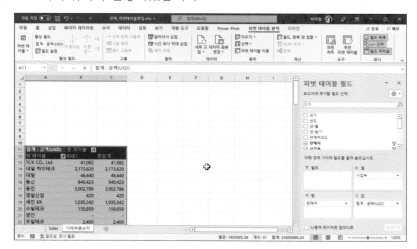

EXCEL 05 피벗 차트 이용해 보고서 작성하기

● **예제파일**: 판매_피벗차트.xlsx   ● **완성파일**: 판매_피벗차트_완성.xlsx

1 작성한 보고서를 바탕으로 차트를 작성해 볼게요. [거래처별요약] 시트에서 피벗 테이블 보고
서에 있는 하나의 셀을 선택하고 **[피벗 테이블 분석] 탭-[도구] 그룹**에서 **[피벗 차트]**를 클릭하세요.

2 [차트 삽입] 대화상자가 열리면 [모든 차트] 탭에서 [꺾은선형]을 선택하고 [표식이 있는 꺾은선
형]을 선택한 후 [확인]을 클릭하세요.

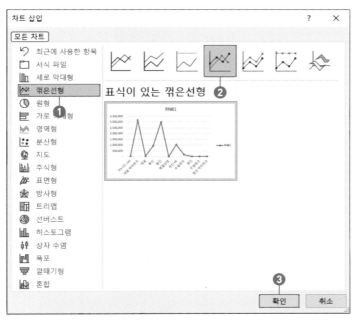

3 표식이 있는 꺾은선형 차트가 삽입되면 차트의 위치를 피벗 테이블 보고서의 오른쪽으로 이동하고 차트의 크기를 K24셀의 위치까지 조정한 후 차트 제목에 『사업부/판매처별 매출』을 입력하세요. 차트를 선택한 상태에서 [디자인] 탭-[차트 스타일] 그룹에서 [스타일 4]를 선택하세요.

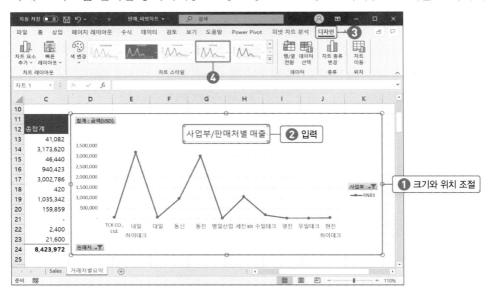

4 피벗 테이블 보고서와 연동되는 차트가 보기 좋게 완성되었는지 확인하세요.

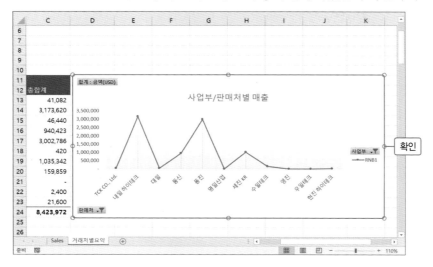

슬라이서와 시간 표시 막대 삽입해 필터링하기

● **예제파일**: 판매_필터도구.xlsx ● **완성파일**: 판매_필터도구_완성.xlsx

1 [거래처별요약] 시트에 작성된 피벗 테이블과 차트에 필터 기능을 추가해 봅시다. 피벗 테이블 보고서에 있는 하나의 셀을 선택하고 **[피벗 테이블 분석] 탭-[필터] 그룹**에서 **[슬라이서 삽입]**을 클릭 하세요.

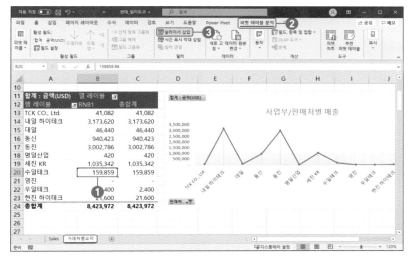

▶ 영상강의 ◀

2 [슬라이서 삽입] 대화상자가 열리면 다양한 필드 항목 중에서 필터로 사용할 [국가]에 체크하고 [확인]을 클릭하세요.

225

3 [국가] 슬라이서가 삽입되면 A1셀에 맞춰 위치를 이동하고 슬라이서의 크기를 조절하세요. 또 다른 필터를 추가하기 위해 피벗 테이블 보고서에 있는 하나의 셀을 선택하고 **[피벗 테이블 분석] 탭-[필터] 그룹**에서 **[시간 표시 막대 삽입]**을 클릭하세요.

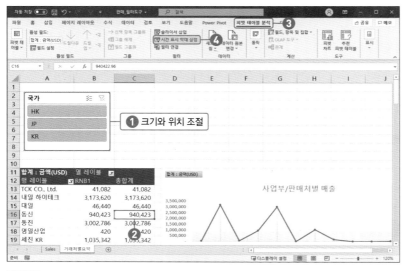

TIP

시간 표시 막대는 엑셀 2016 버전부터 추가된 기능입니다.

4 [시간 표시 막대 삽입] 대화상자가 열리면 [년/월]에 체크하고 [확인]을 클릭하세요.

잠깐만요 > 피벗 테이블 이동하기

작성한 피벗 테이블을 다른 위치로 이동하려면 **[피벗 테이블 분석] 탭-[동작] 그룹**에서 **[피 벗 테이블 이동]**을 클릭하여 이동 기능을 실행합니다. [피벗 테이블 이동] 대화상자가 열리 면 원하는 위치를 입력하거나 셀을 직접 클릭하여 이동 위치를 지정하세요.

5 시간 표시 막대의 크기와 위치를 슬라이서와 차트에 맞춰 조절하세요. 필터의 옵션을 [분기]로 변경하고 [타임라인] 탭−[시간 표시 막대 스타일] 그룹에서 [연보라, 시간 표시 막대 스타일 밝게 4]를 클릭하세요.

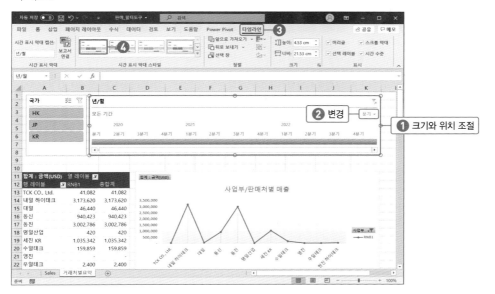

6 이번에는 보고서와 차트에 필터를 적용하기 위해 [국가] 슬라이서에서는 [KR]을 선택하고 시간 표시 막대에서는 '2021년 1분기'부터 '2022년 2분기'까지 드래그하여 기간을 정하세요. 이렇게 하면 필터에 대한 값이 적용되면서 피벗 테이블 보고서의 값과 피벗 차트의 모양이 변경됩니다.

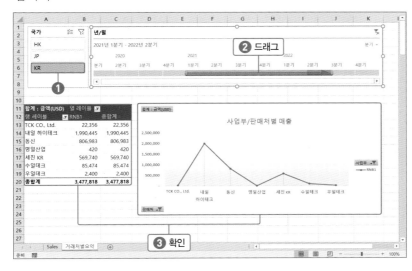

04 외부 데이터 가져오고 파워쿼리 활용하기 (2016 이상 버전)

엑셀 2016 이후부터는 파워쿼리가 새 기능으로 추가되어 데이터 추출, 변형, 전달 기능을 더욱 강력하게 사용할 수 있게 되었습니다. 파워쿼리는 다양한 프로그램으로 저장된 데이터를 엑셀로 가져올 수 있는 통로가 됩니다. 이번 섹션에서는 엑셀 문서 외에 CSV 파일과 같은 외부 데이터를 가져오고 엑셀에 맞는 데이터 형식으로 변경해 보겠습니다. 파워쿼리는 작업의 모든 과정을 자동으로 기록하기 때문에 데이터를 추가해도 '새로 고침'으로 모든 과정을 다시 실행해서 데이터를 새롭게 가져올 수 있습니다.

PREVIEW
▼

▲ 쿼리로 통합 문서의 표 가져오기

▲ 쿼리 편집기로 데이터 편집하기

EXCEL 01 CSV 파일 가져오기

● **예제파일**: 새 통합 문서에서 시작하세요. ● **완성파일**: 특가전_완성.xlsx

1 새로운 통합 문서를 열고 [Sheet1] 시트에서 **[데이터] 탭-[데이터 가져오기 및 변환]** 그룹의 **[텍스트/ CSV]**를 클릭하세요. [데이터 가져오기] 대화상자가 열리면 부록 실습파일에서 '특가전.csv'를 선택하고 **[가져오기]**를 클릭하세요.

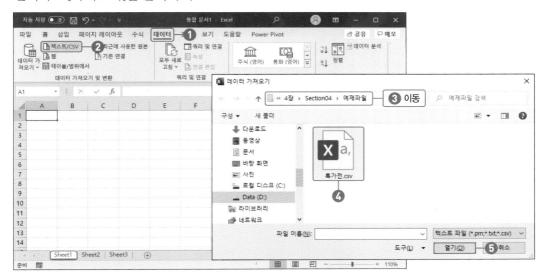

> **TIP**
>
> [데이터] 탭-[데이터 가져오기 및 변환] 그룹에서 [데이터 가져오기]를 클릭한 후 [파일에서]-[텍스트/CSV]를 선택해도 됩니다. 엑셀 2016에서는 [텍스트/CSV]가 아닌 [새 쿼리]에서 이 기능을 실행하세요.

2 [특가전.csv] 창이 열리면서 필드로 구분된 데이터가 필드에 표시되면 곧바로 엑셀로 가져오기 위해 **[로드]**를 클릭하세요.

> **TIP**
>
> 데이터의 형식이나 수정 내용이 있으면 [데이터 변환]을 클릭하여 쿼리 편집기에서 변환한 후 로드해야 합니다.

3 빈 통합 문서에 쿼리가 실행되면서 [특가전] 시트가 추가되고 CSV 파일이 [특가전] 표로 삽입 되었는지 확인하세요.

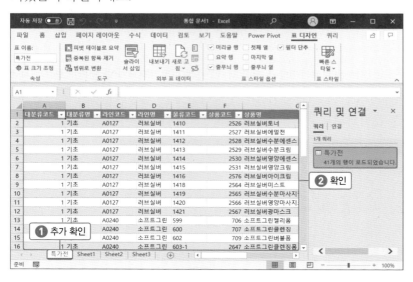

잠깐만요 > **CSV 파일을 엑셀에서 바로 실행하기 vs. 데이터 가져오기로 실행하기**

CSV 파일 형식의 텍스트 파일은 곧바로 실행해도 엑셀에서 쉽게 열리지만, 이렇게 가져온 파일은 데이터의 형식을 변경하거나 데이터를 추가했을 때 다시 같은 작업을 반복해야 합니다. 그러나 '데이터 가져오기' 기능으로 CSV 파일을 가져오면 가져오는 과정이 모두 쿼리에 저장되므로 새로 고침만으로도 추가된 데이터나 변경된 데이터를 쉽게 반영할 수 있습니다.

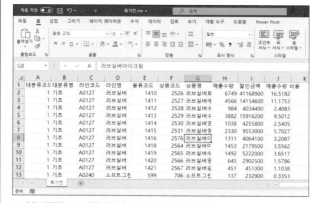

▲ 바로 실행한 CSV 파일(쿼리 연결과 표 지정이 안 된 경우)

EXCEL 02 다른 통합 문서에서 표 데이터 가져오기

● **예제파일**: 특가전_표가져오기.xlsx, 데이터가져오기.xlsx ● **완성파일**: 특가전_표가져오기_완성.xlsx

1 [특가전] 시트에서 [데이터] 탭-[데이터 가져오기 및 변환] 그룹의 [데이터 가져오기]를 클릭하고 [파일에서]-[통합 문서에서]를 선택합니다. [데이터 가져오기] 대화상자가 열리면 부록 실습파일에서 '데이터가져오기.xlsx'를 선택하고 [가져오기]를 클릭하세요.

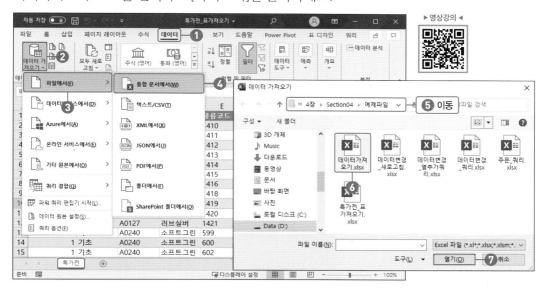

▶ 영상강의 ◀

2 쿼리 편집기의 [탐색 창]이 열리면서 '데이터가져오기.xlsx'의 가져올 시트나 표가 표시되면 '주문_8월' 표를 선택하고 데이터를 변경하기 위해 [데이터 변환]을 클릭하세요.

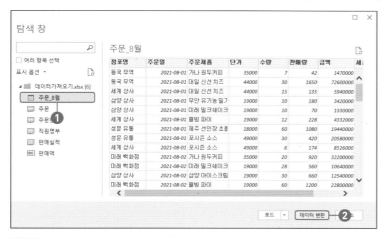

> **TIP**
>
> 탐색 창에서 표와 시트는 표 아이콘(▦)과 시트 아이콘(▦)으로 구분합니다.

231

3 [Power Query 편집기] 창이 열리면 다양한 데이터 편집 작업을 할 수 있는데, 여기서는 '점포 명'에서 원하는 데이터만 추출해 볼게요. '점포명' 필드를 선택하고 필터 단추(▼)를 클릭한 후 [POWER 마켓]과 [동국 무역]의 체크를 해제하고 [확인]을 클릭하세요.

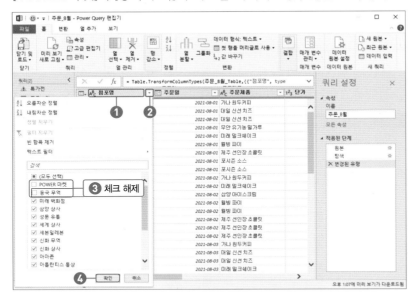

4 추출한 데이터를 엑셀로 로드하기 위해 [홈] 탭−[닫기] 그룹에서 [닫기 및 로드]의 📷를 클릭합니다.

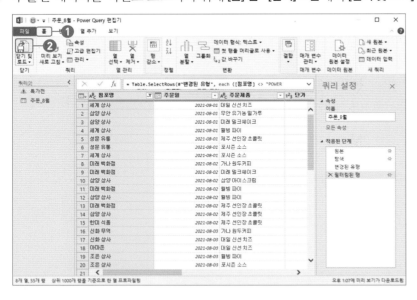

5 [주문_8월] 시트가 추가되면서 같은 이름의 표가 삽입되고 오른쪽에 있는 [쿼리 및 연결] 작업 창에는 '주문_8월' 쿼리가 생성되는지 확인하세요.

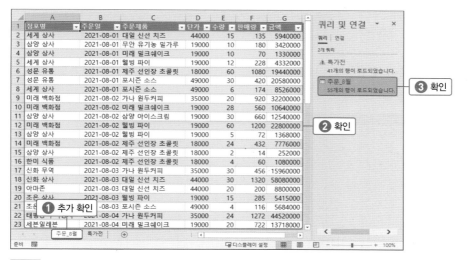

TIP

[Power Query 편집기] 창에서 수정하거나 쿼리 내용을 추가하려면 [쿼리 및 연결] 작업 창에서 해당 쿼리를 더블클릭하세요. 그러면 [Power Query 편집기] 창이 열리면서 다시 쿼리를 편집할 수 있습니다.

잠깐만요 > 쿼리 삭제하기

작성한 쿼리는 언제든지 작성 과정을 편집할 수 있어서 원본과의 연결을 통해 새롭게 적용할 수 있습니다. 만약 쿼리가 더 이상 필요 없으면 [쿼리 및 연결] 작업 창의 해당 쿼리에서 마우스 오른쪽 단추를 클릭하고 바로 가기 메뉴에서 [삭제]를 선택하세요. 그러면 원본 데이터와 연결이 끊어지면서 독립적인 데이터로 사용할 수 있습니다.

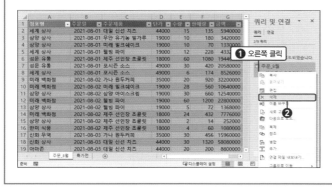

파워쿼리로 데이터 변경하기

● **예제파일**: 데이터변경_쿼리.xlsx ● **완성파일**: 데이터변경_쿼리_완성.xlsx

1 [영업사원] 시트에서 표에 있는 하나의 셀을 선택하고 [데이터] 탭-[데이터 가져오기 및 변환] 그룹에서 [테이블/범위에서]를 클릭하세요.

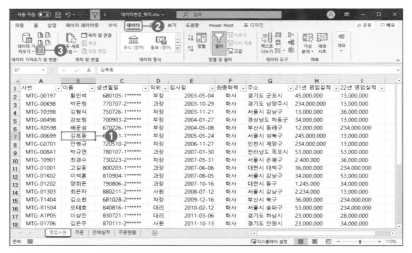

▶ 영상강의 ◀

TIP

표가 아닌 데이터 범위인 경우 자동으로 표가 삽입되면서 [Power Query 편집기] 창이 실행됩니다.

2 [Power Query 편집기] 창이 실행되면서 필드마다 데이터의 형식이 자동으로 변경됩니다. 추가로 필드의 데이터 형식을 변경하기 위해 '입사일' 필드의 머리글을 클릭하여 '입사일' 필드 전체를 선택하고 [홈] 탭-[변환] 그룹에서 [데이터 형식: 날짜/시간]을 클릭한 후 [날짜]를 선택하세요.

3 화면의 오른쪽 [쿼리 설정] 작업 창에서 이미 각 필드의 데이터 형식을 변경한 상태이기 때문에 '적용할 단계'에 [변경된 유형]이 추가된 상태입니다. 이번에 '입사일' 필드를 '날짜'로 변경하는 과정이 현재 단계에서 변경되도록 [열 형식 변경] 메시지 창에서 [현재 전환 바꾸기]를 클릭하세요.

4 이번에는 [Ctrl]을 이용해 '21년 영업실적' 필드와 '22년 영업실적' 필드를 함께 선택하고 [**홈**] 탭-[**변환**] 그룹에서 [**데이터 형식: 정수**]를 클릭한 후 [**통화**]를 선택하세요.

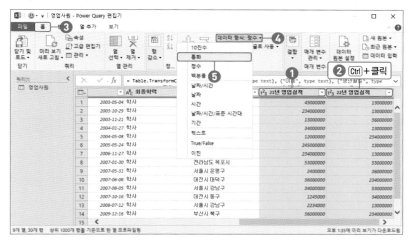

5 [열 형식 변경] 창이 열리면 [새 단계 추가]를 클릭하세요.

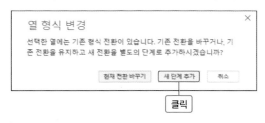

6 [쿼리 설정] 작업 창의 '적용된 단계'에서 [변경된 유형1]을 선택하고 마우스 오른쪽 단추를 클릭한 후 [이름 바꾸기]를 선택하세요.

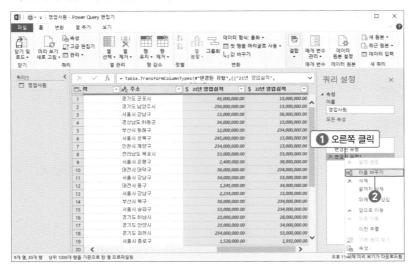

> **TIP**
>
> 단계마다 이름을 바꿔서 저장하면 쿼리에서 어떤 기능을 진행했는지 알 수 있고 순서를 변경하거나 필요 없는 단계를 삭제할 수 있습니다. [쿼리 설정] 작업 창은 [Power Query 편집기] 창이 실행되면서 화면의 오른쪽에 자동으로 열리지만 **[보기] 탭-[레이아웃] 그룹**에서 [쿼리 설정]을 클릭해도 열 수 있어요.

7 단계의 이름을 '통화유형변경'으로 변경하고 **[홈] 탭-[닫기] 그룹**에서 [닫기 및 로드]의 📑를 클릭하여 [Power Query 편집기] 창을 닫으세요.

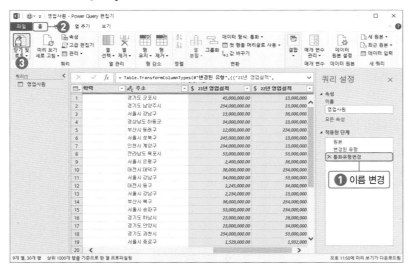

8 엑셀로 되돌아오면 [영업사원 (2)] 시트가 추가되면서 쿼리를 통해 가공된 '영업사원_2' 표가
추가되었는지 확인하세요.

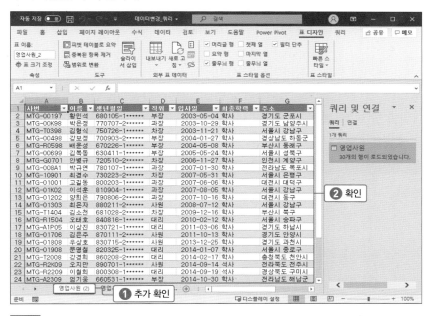

> **TIP**
>
> '영업사원_2' 표의 데이터 원본은 [영업사원] 시트에 있는 표로, 수정된 데이터가 있는 경우 쿼리를 다시 실행하면 됩
> 니다.

04 파워쿼리로 열 변환하고 추가하기

● **예제파일**: 데이터변경_열추가쿼리.xlsx　● **완성파일**: 데이터변경_열추가쿼리_완성.xlsx

1 작성한 쿼리에 단계를 추가하거나 수정하려면 다시 [Power Query 편집기] 창을 실행해야 하므로 [영업사원_쿼리] 시트에서 **[데이터] 탭-[쿼리 및 연결] 그룹**에서 **[쿼리 및 연결]**을 클릭합니다. 화면의 오른쪽에 [쿼리 및 연결] 작업 창이 열리면 '영업사원' 쿼리에서 마우스 오른쪽 단추를 클릭하고 [편집]을 선택하세요.

2 [Power Query 편집기] 창이 열리면 '사번' 필드를 선택하고 **[홈] 탭-[변환] 그룹**에서 **[열 분할]**을 클릭한 후 **[구분 기호 기준]**을 선택합니다.

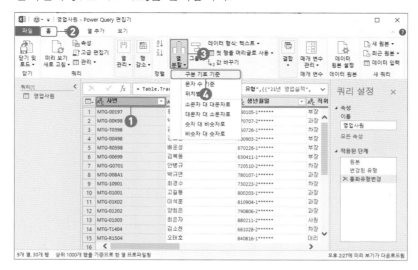

238

3 [구분 기호에 따라 열 분할] 창이 열리면 '구분 기호 선택 및 입력'에 『 - 』을 입력하고 '다음 위치에 분할'에서 [맨 왼쪽 구분 기호에서]를 선택한 후 [확인]을 클릭하세요.

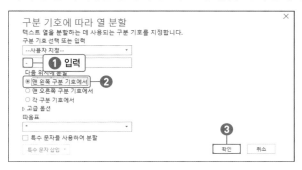

4 '사번' 필드가 '사번.1' 필드와 '사번.2' 필드로 분리되었으면 '사번.2' 필드의 이름을 더블클릭하여 『사원코드』로 변경합니다. '사번.1' 필드는 선택하고 [홈] 탭-[열 관리] 그룹에서 [열 제거]의 ☒를 클릭하세요.

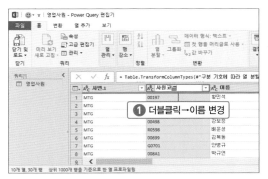
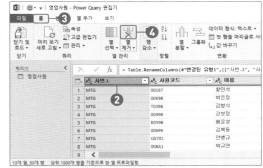

5 '사원코드' 필드만 남았으면 입사일을 이용해 새로운 열을 추가해 볼게요. [열 추가] 탭-[일반] 그룹에서 [예제의 열]의 ☲를 클릭하세요.

6 '열1' 필드가 삽입되면 첫 행의 빈 곳을 더블클릭합니다. 여러 열을 사용해 만들어진 예제 목록이 표시되면 [5월 (입사일의 월 이름)]을 더블클릭하세요.

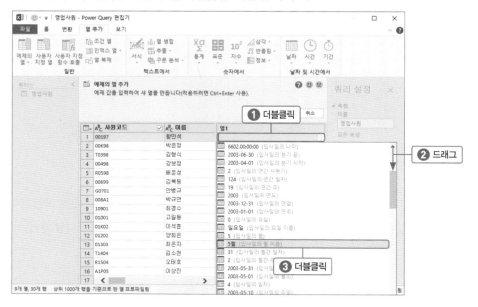

7 '열1' 필드에 '5월'이 삽입되면 [확인]을 클릭하거나 '5월'이 입력된 상태에서 Enter를 눌러 열을 추가하세요.

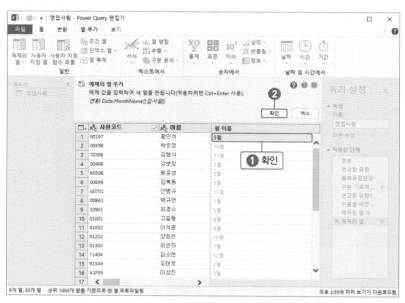

8 삽입된 '월 이름'을 더블클릭하여 '입사월'로 이름을 변경합니다. 편집 작업을 모두 마쳤으면 **[홈] 탭-[닫기] 그룹**에서 **[닫기 및 로드]**의 📷를 클릭하세요.

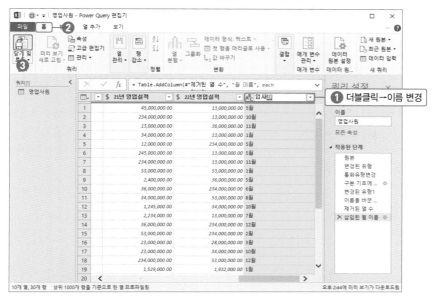

9 쿼리가 수정되면서 엑셀의 [영업사원_쿼리] 시트에서 '영업사원_2' 표의 내용이 바뀌었는지 확인하세요.

05 데이터 추가하고 쿼리 새로 고치기

EXCEL

● **예제파일**: 데이터변경_새로고침.xlsx ● **완성파일**: 데이터변경_새로고침_완성.xlsx

1 '영업사원_2' 표의 데이터 원본은 [영업사원] 시트에 있는 '영업사원' 표입니다. 32행에 다음의 데이터를 순서대로 추가 입력합니다.

> MTG – C0111, 강하늘, 890101 – 1******, 사원, 2019 – 04 – 05, 석사, 서울시 강남구, 92000000, 95340000

2 [영업사원_쿼리] 시트로 이동하여 아직까지 데이터 행이 31행인 것을 확인하고 **[데이터] 탭-[쿼리 및 연결]** 그룹에서 **[쿼리 및 연결]**을 클릭합니다.

3 [쿼리 및 연결] 작업 창이 열리면 '영업사원' 쿼리에서 마우스 오른쪽 단추를 클릭하고 [새로 고침]을 선택하세요.

4 [새로 고침]이 실행되면서 쿼리에 적용했던 모든 단계가 다시 실행됩니다. [쿼리 및 연결] 작업 창의 '영업사원' 쿼리에 '31개의 행이 로드되었습니다.'가 표시되면서 새로운 32행이 추가되었는지 확인하세요.

5 이번에는 작성한 쿼리를 삭제해 볼게요. [쿼리 및 연결] 작업 창에서 '영업사원' 쿼리를 선택하고 [쿼리] 탭-[편집] 그룹에서 [삭제]를 클릭합니다.

6 [쿼리 삭제] 대화상자가 열리면 [삭제]를 클릭하세요.

7 [쿼리 및 연결] 작업 창에서 '영업사원' 쿼리가 삭제되었습니다. 이렇게 '영업사원' 쿼리가 삭제되면 현재 '영업사원_2' 표의 원본이었던 '영업사원' 표와는 관계가 없어지므로 '영업사원' 표에 데이터를 추가하거나 변경해도 현재 데이터에 반영되지 않습니다.

보고서를 효과적으로 분석하고 컨트롤하기

1 | 피벗 테이블의 분석 기능을 조건부 서식으로 업그레이드하기

● **예제파일**: 판매_보고서.xlsx　● **완성파일**: 판매_보고서_완성.xlsx

테이블로 작성한 보고서에 조건부 서식과 같은 기능이나 필터 등을 사용하면 보고서를 더욱 효과적으로 분석 및 관리할 수 있습니다. 일반적인 데이터 범위에 지정하는 조건부 서식과는 달리 부분합이나 총합계가 포함된 데이터에 데이터 막대나 색조 등을 지정하려면 값의 일부분에 서식을 적용한 후 같은 항목으로 서식을 다시 확장해야 합니다.

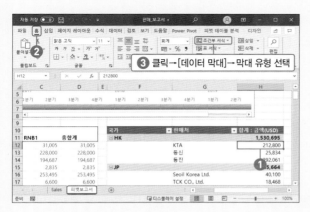

1 [피벗보고서] 시트에서 '합계 : 금액(USD)' 항목에 데이터 막대 서식을 지정해 볼게요. 판매 가격이 표시된 하나의 셀을 선택하고 [홈] 탭-[스타일] 그룹에서 [조건부 서식]을 클릭하여 원하는 데이터 막대로 서식을 지정하세요.

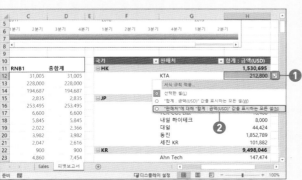

2 [서식 옵션] 단추(📊)를 클릭하고 ["판매처"에 대해 "합계 : 금액(USD)" 값을 표시하는 모든 셀]을 선택하세요.

3 상품명 전체에 같은 조건부 서식이 적용되지만, 부분합이나 총합계에는 서식이 적용되지 않습니다. 왜냐하면 부분합이나 총합계와 일반 상품명에 대한 판매 가격은 동일하게 비교할 대상이 아니기 때문에 부분합이나 총합계를 제외한 나머지 값에만 서식이 적용됩니다.

2 | 슬라이서와 시간 표시 막대로 대시보드 작성하기

● **예제파일**: 판매_보고서연결.xlsx   ● **완성파일**: 판매_보고서연결_완성.xlsx

하나의 워크시트에 다양한 관점의 보고서를 작성하고 한눈에 파악할 수 있도록 정리한 상태를 '대시보드(dashboard)'라고 합니다. 전체 보고서의 슬라이서와 시간 표시 막대를 '보고서 연결' 기능을 이용해 다양한 피벗 테이블에 연결하면 하나의 필터로 여러 개의 보고서를 컨트롤할 수 있는 대시보드를 만들 수 있어요.

1 서로 다른 관점에서 작성된 두 개의 요약 보고서를 하나의 필터로 연결해 볼게요. [피벗보고서] 시트에서 [국가] 슬라이서를 선택하고 **[슬라이서] 탭-[슬라이서] 그룹**에서 **[보고서 연결]**을 클릭하세요.

2 [보고서 연결(국가)] 대화상자가 열리면 연결할 피벗 테이블에 모두 체크하고 [확인]을 클릭하세요. 이때 같은 워크시트의 모든 피벗 테이블을 선택하면 됩니다.

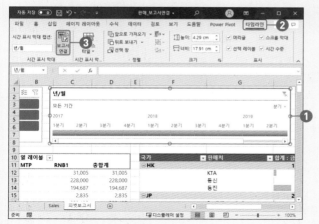

3 [국가] 슬라이서가 두 개의 피벗 테이블에 모두 연결되었습니다. 이와 같은 방법으로 시간 표시 막대를 선택하고 **[타임라인] 탭-[시간 표시 막대] 그룹**에서 **[보고서 연결]**을 클릭하세요.

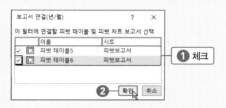

4 [보고서 연결(년/월)] 대화상자가 열리면 연결할 피벗 테이블에 모두 체크하고 [확인]을 클릭하세요.

5 [국가] 슬라이서와 시간 표시 막대에서 원하는 국가와 기간을 선택하면 두 개의 보고서에 있는 모든 요약 내용이 변경됩니다.

찾아보기

EXCEL FOR STARTERS